FRIEDRICH HILD

# Meilensteine, Straßen und das Verkehrsnetz der Provinz Karia

ÖSTERREICHISCHE AKADEMIE DER WISSENSCHAFTEN
PHILOSOPHISCH-HISTORISCHE KLASSE
DENKSCHRIFTEN, 464. BAND

# VERÖFFENTLICHUNGEN ZUR BYZANZFORSCHUNG

Herausgegeben von

CLAUDIA RAPP und CHRISTIAN GASTGEBER

Band 33

ÖSTERREICHISCHE AKADEMIE DER WISSENSCHAFTEN
PHILOSOPHISCH-HISTORISCHE KLASSE
DENKSCHRIFTEN, 464. BAND

FRIEDRICH HILD

# Meilensteine, Straßen und das Verkehrsnetz der Provinz Karia

Verlag der
Österreichischen Akademie
der Wissenschaften

Wien 2014

Vorgelegt von w. M. JOHANNES KODER in der Sitzung vom 21. März 2013

Veröffentlicht mit Unterstützung des
Austrian Science Fund (FWF): PUB 115-V19

FWF Der Wissenschaftsfonds.

Umschlagbild:
Ausschnitt aus der Tabula Peutingeriana nach K. MILLER, Die Peutingersche Tafel. Neudruck der letzten von Konrad Miller bearbeiteten Auflage einschließlich seiner Neuzeichnung des verlorenen 1. Segments mit farbiger Wiedergabe der Tafel, sowie kurzer Erklärung und 18 Kartenskizzen der überlieferten römischen Reisewege aller Länder. Stuttgart 1962.

Mit Beschluss der philosophisch-historischen Klasse in der Sitzung vom 23. März 2006
wurde die Reihe *Veröffentlichungen der Kommission für Byzantinistik* in
*Veröffentlichungen zur Byzanzforschung* umbenannt;
die bisherige Zählung wird dabei fortgeführt.

Diese Publikation wurde einem anonymen, internationalen Peer-Review-Verfahren unterzogen.
This publication has undergone the process of anonymous, international peer review.

Die verwendeten Papiersorten sind aus chlorfrei gebleichtem Zellstoff hergestellt,
frei von säurebildenden Bestandteilen und alterungsbeständig.


ISBN 978-3-7001-7435-6

Druck und Bindung: Prime Rate kft., Budapest
http://hw.oeaw.ac.at/7435-6
http://verlag.oeaw.ac.at
Printed and bound in the EU

# INHALTSVERZEICHNIS

# VORWORT

Die vorliegende Untersuchung ist als Vorstudie für den in Ausarbeitung befindlichen Teil „Karien“ der *Tabula Imperii Byzantini* zu verstehen. Wie schon anlässlich der Vorbereitung von *TIB* 2 (Kappadokien)[1], erschien es mir zweckmäßig, einen Überblick über das Wegenetz der Provinz Karia zu geben, wie er sich aus dem bisherigen Studium der Quellen und Sekundärliteratur sowie aus den Beobachtungen eigener Bereisungen in den Jahren 2005, 2007, 2008 und 2010 erschließt – auf diese Jahre beziehen sich daher auch alle Angaben betreffend den derzeitigen Zustand bzw. Bekanntheitsgrad von Straßen- und Bautenresten. Die hier vorgelegte Untersuchung hat aus folgenden Gründen skizzenhaften und vorläufigen Charakter: Prinzipiell wird bei großen und gut bekannten Städten auf Literaturangaben, die sich nicht unmittelbar auf die Lage im Straßennetz beziehen, verzichtet; bei kleineren, durch die Standardliteratur oft nicht erfassten Siedlungen wird insbesondere, wenn es um einen bedeutenden Denkmalbefund geht, auch der Stand der Forschung ausführlich referiert. Weiters wird auf die Angabe weiterführender Literatur zur Straßenforschung verzichtet; einen allgemeinen Überblick zu den Straßen in der Antike und im Mittelalter bietet: Th. SZABÓ (Hrsg.), Die Welt der europäischen Straßen. Von der Antike bis in die frühe Neuzeit (Köln–Weimar–Wien 2009). Eine umfassende (und in Teilen notwendigerweise dennoch hypothetische) Darstellung des karischen Wegenetzes kann erst nach der Aufarbeitung der gesamten Siedlungsgeographie Kariens in dem betreffenden *TIB*-Band erfolgen.

Diesem Band sind eine physisch-geographische Karte Kariens (Abb. 57) und eine schematische Kartenskizze der Routen (Abb. 56) beigegeben; letztere enthält nicht sämtliche Querverbindungen, sei es aus Platzmangel oder um die ohnedies komplizierte Darstellung nicht unübersichtlich zu machen. Die beigegebenen Abbildungen betreffen zumeist bisher wenig oder gar nicht bekannte Denkmäler, darunter viele unscheinbare Straßenabschnitte, die aber wichtige Zeugnisse für die Straßenführung sind.

Die Einteilung des Routennetzes in 8 Routen geht auf die Forschungen des Autors und nicht auf antike Quellen zurück.

Mein Dank für Hilfe jeder Art gilt Klaus Belke (Wien), Thomas Corsten (Wien), Raymond Descat (Bordeaux), Christian Gastgeber (Wien), Benjamin Günther (Frankfurt), Winfried Held (Marburg), Andreas Külzer (Wien), Hans Lohmann (Bochum), Philipp Niewöhner (Oxford), Mihailo Popović (Wien), Johannes Preiser-Kapeller (Wien), Claudia Rapp (Wien), Marcell Restle (Wien), Paavo Roos (Lund), Peter Ruggendorfer (Wien), Vincenzo Ruggieri (Rom), Frank Rumscheid (Bonn), Mustafa Sayar (İstanbul), Jasmin Schlichting (Erlangen-Nürnberg), Peter Soustal (Wien), Martin Styan (Bratislawa), Ingrid Weichselbaum (Wien), Alexander Zäh (Maintal).

Meine Frau Eleonore hat mich in ihren Urlauben auf den Reisen begleitet und wichtige Beobachtungen beigetragen. Mein Sohn Marcus hat das Bildmaterial elektronisch bearbeitet.

Johannes Koder hat sich der Aufgabe unterzogen, das Manuskript kritisch zu lesen.

Die Österreichische Akademie der Wissenschaften hat die Forschungsreisen, der Wissenschaftsfonds (FWF PUB 115-V19) den Druck in der Reihe der Veröffentlichungen zur Byzanzforschung finanziert.

Mehrere Gutachter haben wertvolle Ergänzungen und Korrekturvorschläge beigesteuert. Ein Gutachter hat die sinnvolle Änderung des Titels von „Meilensteine und Straßen in der Provinz Karia“ in „Meilensteine, Straßen und das Verkehrsnetz der Provinz Karia“ vorgeschlagen.

Ihnen allen sei ebenso gedankt wie den vielen türkischen Bewohnern Kariens, die mir den richtigen Weg wiesen und beim Auffinden der Denkmäler halfen.

*Friedrich Hild*

[1] HILD, Straßensystem; F. HILD – M. RESTLE, Kappadokien (Kappadokia, Charsianon, Sebasteia und Lykandos) (*TIB* 2 = *Denkschr. ÖAW*, phil.-hist. Kl. 149). Wien 1981.

# HISTORISCH-GEOGRAPHISCHER ÜBERBLICK

Einen Überblick über die nach 301 und vor 305 entstandene spätrömische Provinz Karia, die ursprünglich zur Großprovinz Asia und später zu Phrygia et Caria (Caria et Phrygia) gehörte[2], bietet der *Synekdēmos* (Wegbegleiter) des Hieroklēs aus der Zeit Kaiser Iustinians I., der ein unter Kaiser Theodosius II. entstandenes Provinzverzeichnis mit späteren Ergänzungen und Korrekturen enthält[3]. Demnach bildete der Mäander die Nordgrenze der Karia; im Osten reichte sie bis in die Kibyratis, im Süden bis zum Indos, dessen Mündungsgebiet mit der alten karischen Stadt Kaunos jedoch zur Provinz Lykia (*TIB* 8) kam.

Der *Synekdēmos* nennt zu Beginn des Kapitels „Karia" 30 zu dieser Provinz *(Eparchia)* gehörige *Poleis*, die einem *Konsularios* als Statthalter unterstanden. Tatsächlich genannt sind aber in einer dem Sinn des Werkes entsprechenden geographischen Abfolge (sie ist nicht immer, auch wegen der späteren Überarbeitung, klar zu erkennen) nur 26 Städte und 2 Domänenverbände (die *Chōria Patrimonalia* und die *Kōmai Ktēmatikai*) in der Region von Kibyra, das als Straßenknotenpunkt für den Verkehr in die Nachbarprovinzen Lykia, Pamphylia I und Phrygia Pakatianē eine wichtige Rolle im Straßennetz spielte[4]. Genannt werden: Milētos, Hērakleia Latmu, Halikarnassos, Myndos, Knidos, Keramos, Mylasa, Stratonikeia, Amyzōn, Alinda, Alabanda, Orthōsia, Harpasa, Neapolis, Hyllarima, Antiocheia, Aphrodisias (als Mētropolis), Hērakleia Salbakēs, Tabai, Apollōnias, Sebastopolis, Iasos, Eriza, Markianupolis, Anastasiupolis, die *Chōria Patrimonalia*, Kibyra und die *Kōmai Ktēmatikai*.

Diese Orte waren in der Regel miteinander verbunden und bildeten den Nukleus des Straßennetzes in Karien. Die spätrömische Provinzeinteilung lebte unverändert in der byzantinischen Kirchenprovinz Karia weiter. Milet wurde autokephales Erzbistum (später Mētropolis ohne Suffragane). Aphrodisias blieb mit dem neuen Namen Staurupolis Mētropolis. Ergänzend zu Hieroklēs kommen Städte, die zusätzlich in den *Notitiae episcopatuum*[5] genannt sind: Larba, Tapasa, Anōtetartē, Bargylia, Metaba, Hieron (= Didyma), Kindrama und Stadia (anstatt Knidos). Larba ist vermutlich mit Labraunda, Tapasa vielleicht mit Gordiu Teichos, Anōtetartē mit Sebastopolis und Metaba mit Kys zu identifizieren. Da die alte Stadt Bargylia, namengebend auch für den Bargyliakos Kolpos (heute Güllük Körfezi, früher Golf von Mendelia/Mandalya), bei Hieroklēs fehlt, könnte sie mit dem bei Hieroklēs genannten Anastasiupolis identisch sein, das bisher noch nicht sicher lokalisiert werden konnte. Diese Lokalisierung empfiehlt sich auch, weil von drei Meilensteinen aus der Zeit des Anastasios I. einer in Bargylia selbst (Nr. 3) und 2 weitere in der Nähe von Bargylia gefunden wurden (Nr. 7, 14.1.). Bei den *Chōria Patrimonalia* und *Kōmai Ktēmatikai*, die vor und nach Kibyra genannt werden, stellt sich die Frage, ob es einen Zusammenhang mit den gut bezeugten Domänen östlich von Kibyra gab, die allerdings schon in Pamphylien lagen[6].

---

[2] ROUECHÉ, Aphrodisias 21; MAREK, Kleinasien 440, 719, A. 106.

[3] Le Synekdèmos d'Hiéroklès, ed. E. HONIGMANN. Brüssel 1939.

[4] Vgl. dazu die Übersicht in *TIB* 8, 245.

[5] J. DARROUZÈS, Notitiae episcopatuum Ecclesiae Constantinopolitanae (*Géographie ecclésiastique de l'empire byzantin* 1). Paris 1981; vgl. die Tabelle auf S. 10.

[6] Zu diesen vgl. *TIB* 8, *s.vv.* Alassos, Gebren, Karamanlı, Ormēleis, Sazak und Th. CORSTEN, Estates in Roman Asia Minor: the case of Kibyratis, in: S. MITCHELL – Constantia KATSARI (Hrsg.), Patterns in the Economy of Roman Asia Minor. Swansea 2005, 1–51.

| Not. 1<br>7. Jh.<br>(Herakleios) | Not. 2<br>spätestens<br>1. Viertel<br>9. Jh. | Not. 3<br>2.Hälfte – Ende<br>9. Jh. oder<br>802–805* | Not. 4<br>nahe dem<br>Konzil 869 | Not. 7<br>zwischen<br>901 und 907 | Not. 9<br>Archetyp<br>im 10. Jh. | Not. 10<br>vor 997<br>oder vor 1020/<br>1030 | Not. 13<br>12. Jh. |
|---|---|---|---|---|---|---|---|
| Staurupolis | Staurupolis | Staurupolis | Staurupolis | Staurupolis | Staurupolis | Staurupolis | Staurupolis |
| **1** Kibyra | Kibyra | Kibyra | Kibyra | Kibyra | Kibyra | Kibyra | Kibyra |
| **2** Siza | Siza | Eri<z>ōn ētoi Tyraōn | Siza | Hērakleia Salbakēs | Hērakleia Salbakēs | Hērakleia Salbaku | Hērakleia Salbakēs |
| **3** Hērakleia Salbakēs | Hērakleia Salbakēs | Hērakleia <S>albakēs | Hērakleia Salbakēs | Apollōnias | Apollōnias | Apollōnias | Apollōnias |
| **4**. Apollōnias | Apollōnias | Apollōnias | Apollōnias | Hērakleia Lakymōn | Hērakleia Lakymōn | Hērakleia Lakymōn | Hērakleia Lakymōn |
| **5**. Hērakleia <Latmu> | Hērakleia <Latmu> | Hērakleia <Latmu> | Hērakleia Lakymōn | Tabai | Tabai | Tabai | Tabai |
| **6**. Tabai | Tabai | Tabai | Tabai | Larba | Larba | Larba | Larba |
| **7**. Larba | Larba | Larba | Larba | Antiocheia Maiandru | Antiocheia Maiandru | Antiocheia Maiandru | Antiocheia Maiandru |
| **8**. Antiocheia Maiandru | Antiocheia Maiandru | Antiocheia Maiandru | Antiocheia Maiandru | Tapasa | Tapassa | Tapassa | Tapasa |
| **9**. Tapasa | Tapassa | Tapassa | Tapasa | Harpasa | Harpasa | Harpasa | Harpasa |
| **10**. Harpasa | Harpassa | Neapolis | Harpasa | Neapolis | Neapolis | Neapolis | Neapolis |
| **11**. Neapolis | Neapolis | Harpasa | Neapolis | Orthōsias | Orthōsias | Orthōsias | Orthōsias |
| **12**. Orthōsias | Orthōsias | Orthōsias | Orthōsias | Anōtetartē | Anatetartē | Anatetartē | Anōtetartē |
| **13**. Anōtetartē | Anōtetartē | <Anō>tetartē | Anōtetartē | Alabanda | Alabanda | Alabanda | Alabanda |
| **14**. Alabanda | Alabanda | <A>labanda | Alabanda | Stratonikeia | Stratonikeia | Stratonikeia | Stratonikeia |
| **15**. Stratonikeia | Stratonikeia | Stratonikeia | Stratonikeia | Alinda | Alinda | Alinda | Alinda |
| **16**. Alinda | Alinda | Alinda | Alinda | Mylasa | Mylassa | Mylassa | Mylasa |
| **17**. Mylasa | Mylassa | Mylasa | Mylasa | Meizos ē Amyzōn | Mizos ētoi Amyzōn | Mēzos ētoi Amyzōn | Meizos ētoi Amazōn |
| **18**. Meizos <Amyzōn> | Mizos <Amazōn> | <A>mazōn | Meizos <Amyzōn> | Iassos | Iassos | [Siza] | Iassos |
| **19**. Iassos | Iassos | Iassos | Iassos | Bargylia | Barbylion | Iassos | Barbylia |
| **20**. Barbylion | Barbylion | Barbylion | Barbylion | Halikarnassos | Halikarna-sos | Barbylion | Halikarnassos |
| **21**. Halikarnas-sos | Halikarnassos | <Ha>likar-nassos | Halikarnassos | Laryma | Laryma | Halikarnassos | Laryma |
| **22**. Hyllaryma | Hylaryma | Hyl<a>rima | Hylarima | Knidos | Knidos | Larima | Knidos |
| **23**. Knidos | Knidos | Knidos | Knidos | Myndos | Myndos | Knidos | Metaba |
| **24**. Metaba | < Metaba> | Hieron | Metaba | Hieron | Hieron | Myndos | Myndos |
| **25**. Myndos | Myndos | Kindrama | Myndos | Kindrama | Kindrama | Hieron | Hieron |
| **26**. Hieron | Hieron | Keramos | Hieron | Keramos | Kerama | Kindrama | Kindrama |
| **27**. Kindrama | Kindrama | <S>tadia | Kindrama | | | Kerama | Keramos |
| **28**. Kerama | Keramos | | Keramos | | | | [ho Promisu] |
| **29**. | | | [ho Promissu] | | | | |

Überblick über die karischen Bistümer in den *Notitiae episopatuum* nach DARROUZÈS, Notitiae episcopatuum (s. Anm. 5)

* C. ZUCKERMAN, Byzantium's Pontic Policy in the *Notitiae episcopatuum*, in: C. ZUCKERMAN (Hrsg.), La Crimée entre Byzance et le khaganat Khazar (*Collège de France – CNRS*, Monographies 25). Paris 2006, 206.

Leider fehlen Aufzeichnungen über Karien in den sehr inhaltsreichen spätrömischen Itinerarien (*Itinerarium Antonini* und *Itinerarium Burdigalense*), da Karien, wie etwa auch die benachbarte Provinz Lykien, eine abgelegene Region war. Eine sehr vereinfachte Darstellung des karischen Straßensystems bietet die Tabula Peutingeriana (frühes 5. Jh. n. Chr.). Karien war nur am Rande in die großen Fernverkehrsstraßen durch Kleinasien eingebunden, die Kleinasien diagonal, in West–Ost-Richtung oder von Norden nach Süden durchzogen[7]. Im Norden reichte die Provinz Karia bis an den Mäander (Maiandros, Büyük Menderes), dessen Tal die Mētropolis Ephesos mit dem Inneren Anatoliens verband[8]. Es war die wichtigste West–Ost-Verbindung Kleinasiens. Ihrer Bedeutung entsprechend ist sie auch in der Tabula Peutingeriana eingetragen[9]. Sie folgte von Magnēsia am Mäander zunächst dem Nordufer des Flusses, um in Antiocheia den Mäander zu überqueren. Über Carura in Karien[10] erreichte sie das phrygische Laodikeia, wo sie in die von Pergamon kommende älteste römische Straße Kleinasiens einmündete, die über Kormasa nach Sidē in Pamphylien führte[11]. Von Laodikeia führte die West–Ost-Verbindung – in der Tabula Peutingeriana getrennt dargestellt – über Apameia nach Anatolien. Die Tabula Peutingeriana verzeichnet neben diesen Strecken an der Grenze Kariens eine weitere Strecke in Karien, nämlich eine „Küstenstraße" die von Ephesos über Lince (vermutlich Hērakleia am Latmos, heute Kapıkırı) nach Milet und dann tatsächlich entlang der vielgegliederten karischen Küste nach Lykien führte (Stationen sind nach Milet: Myndos, Knidos, Lōryma und Kaunos), wie im Folgenden nachzuweisen sein wird. Diese „Küstenstraße" war wohl keine Fernverbindung im Sinne einer Handelsroute; dafür wurden entweder der Seeweg oder weiter im Landesinneren verlaufende kürzere und bequemere Routen gewählt. Ihre durchlaufende Konzipierung beweisen aber neben archäologischen Zeugnissen vor allem die in Küstenorten oder nahe der Küste gefundenen Meilensteine (so in Didyma, Iasos, Bargylia, Meşelik, Sıralık, Gölköy, Beypınar/Dağbelen, Halikarnassos, Aşağı Mazı und Türkevleri).

---

7 Vgl. dazu E. GREN, Die geschichtliche Entwicklung der Straßenverhältnisse zu beiden Seiten des Hellespontos und Bosporos während des Altertums. *Petermanns Geographische Mitteilungen* 88 (1942) 320–323, Taf. 39–40 und HILD, Straßensystem *passim* sowie D. FRENCH, Roman Roads & Milestones of Asia Minor, Vol.3 Milestones, Fasc. 3.1 Republican. British Institute at Ankara. Electronic Monograph 1. Ankara 2012, 13.

8 BROUGHTON, Asia Minor 861; M. KAPLAN, Quelques remarques sur les routes à grande circulation dans l'empire Byzantin du VI^e au XI^e siècle, in: A. DIERKENS – J.-M. SANSTERRE avec la collaboration de J.-L. KUPPER (Hrsg.), Voyages et voyageurs à Byzance et en Occident du VI^e au XI^e siècle. Actes du colloque international organisé par la Section d'Histoire de l'Université Libre de Bruxelles en collaboration avec de Département des Sciences Historiques de l'Université de Liège (5–7 mai 1994) (*Bibliothèque de la Faculté de Philosophie et Lettres de l'Université de Liège* 278). Genève 2000, 85, 99.

9 Vgl. MILLER, Itineraria 629/630, Fig. 202: Übersichtskarte der Reisestrecken von Kleinasien. Zur Datierung der Tabula Peutingeriana vgl. E. WEBER, Ein neues Buch und das Datierungsproblem der Tabula Peutingeriana. *Tyche* 27 (2012) 209–216.

10 Strabōn 578, 580, 630, 663: τὰ Κάρουρα τῆς Καρίας ὅριον πρὸς τὴν Φρυγίαν (Itinerarstation an der Straße von Ephesos über Magnēsia, Tralleis, Nysa und Antiocheia); BROUGHTON, Asia Minor 867; RUGE, Karura 1). *RE* 10/2 (1919) 2243f.

11 Zu dieser Straße vgl. *TIB* 8, 275f.

# DIE MEILENSTEINE

Die in Karien nie *in situ* erhaltenen, zumeist aber nicht weit verschleppten Meilensteine stellen neben den wenigen archäologisch greifbaren Straßenresten und Brücken direkte Zeugnisse des antiken Straßensystems in Karien dar[12]. Sie wurden an *viae publicae* errichtet, die auf öffentlichem Boden verliefen, dem öffentlichen Verkehr dienten und aus öffentlichen Geldern finanziert wurden, setzten sich aber aus einer Vielzahl qualitativ sehr unterschiedlicher Wegetypen zusammen, die sowohl Fernstraßen als auch Regionalstraßen sein konnten[13]. Im Folgenden werden zunächst die Meilensteine der „Küstenstraße" und danach die im Landesinneren gefundenen Steine im Zusammenhang mit den durch sie ausgewiesenen Strecken vorgestellt.

*Meilensteine der „Küstenstraße":*

1. Didyma
1.1. Ein 1909 nicht *in situ* an der *Heiligen Straße* (Abb. 1) von Milet nach Didyma gefundener bilinguer Meilenstein aus dem Jahr 101 n. Chr. nennt Kaiser Trajan als Erbauer der Straße (*viam fecit*, ὁδὸν ἱερὰν κατεσκεύασεν) und gibt 11 Meilen Entfernung von Milet an. Er dürfte vor der Einfahrt in das *Heilige Tor* von Didyma aufgestellt gewesen sein[14].
1.2. Eine ursprünglich in Didyma aufgestellte Basis für das Standbild des Constantius Chlorus wurde unter Julian als Meilenstein an der *Heiligen Straße*, wie anzunehmen ist, aufgestellt. Er misst 4 Meilen Entfernung ἀπὸ τῆς π[ό](λεως)[15].

2. Iasos
Eine Säule, die auf einem Feld in der Nähe von Asin Kurin (= Iasos) gefunden wurde, trägt auf 2 Seiten Widmungen für Kaiser und Entfernungsangaben. Auf der einen Seite steht eine Widmung für einen namentlich nicht genannten Kaiser unter dem Statthalter (*anthypatos*) Klōdios Kelsinos mit der Entfernungsangabe eine Meile von Iasos. Clodius Celsinus war Statthalter der Provinz Phrygia et Caria unter Kaiser Decius (249–250) [16] und ist in Karien auch auf Meilensteinen in Sekköy (Nr. 15.2., 15.3., 15.4.) genannt. Die andere Seite trägt die Widmung an die *Sebastoi* Diokletian und Maximian sowie die *Kaisares* Constantius I. und Galerius aus der Zeit der 1. Tetrarchie (293–305) mit dem Vermerk ἀπὸ Ἰασοῦ ohne weitere Entfernungsangabe, die natürlich identisch mit der Angabe der anderen Seite, also eine Meile sein musste[17].

3. Bargylia (Boğaziçi)
Der jüngste bekannte Meilenstein Kleinasiens aus der Zeit des Kaisers Iustinus I. (518–527) stammt aus Bargylia (gefunden in Dörttepe) und nennt den Statthalter *(peribleptos komēs kai hypatikos)* Prokopi(o)s, der Meilensteine erneuerte (ἀνε<νέ>ωσεν τὰ μίλια). Der Kaisername ΕΙΟΥΣΤΙΝ findet sich in einem vertieften

---

12 Allgemein zu den Meilensteinen: M. RATHMANN, Meilensteine. *DNP* 7 (1999) 1156–1158.

13 RATHMANN, Viae publicae 165; vgl. F. HILD, Verkehrswege zu Lande. Die Wege der Kreuzfahrer des Ersten und Zweiten Kreuzzuges in Kleinasien, in: E. KISLINGER – J. KODER – A. KÜLZER (Hrsg.), Handelsgüter und Verkehrswege. Aspekte der Warenversorungung im östlichen Mittelmeerraum (4. bis 15. Jahrhundert). Akten des Internationalen Symposions Wien, 19.–22. Oktober 2005 (*Veröffentlichungen zur Byzanzforschung* 18 = *ÖAW Denkschriften, phil.-hist. Kl.* 388). Wien 2010, 105.

14 WIEGAND, Milesische Landschaft 6ff., Abb. 7; A. REHM (hrsg. von R. HARDER), Didyma II. Die Inschriften von Didyma. Berlin 1958, 105f., Nr. 57; FRENCH, Road System 717f., Nr. 12; FRENCH, Catalogue 207 (mit weiterer Literatur); K. TUCHELT, Branchidai – Didyma. Geschichte und Ausgrabung eines antiken Heiligtums. Mainz 1992, 61.

15 LE BAS – WADDINGTON II 83, Nr. 234; B. HAUSSOULLIER, Études sur l'histoire de Milet et du Didymeion. Paris 1902, 288; REHM, a. O. 107, Nr. 60; FRENCH, Catalogue 208.

16 ROUECHE, Aphrodisias 319; DEBORD – VARİNLİOGLU, Carie 231.

17 G. DOUBLET – G. DESCHAMPS, *BCH* 14 (1890) 614f., Nr. 14; BLÜMEL, Iasos I 18, 19; FRENCH, Catalogue 853.

Feld. Davor steht ANA. Es ist daher anzunehmen, dass man den Namen Anastasios eradierte, aber ANA zu tilgen versäumte. Meilenangabe ohne Entfernung und Ort[18].

4. Meşelik
In den Ruinen einer frühbyzantinischen Säulenbasilika in der Flur des Dorfes Meşelik, errichtet vermutlich an der Stelle einer älteren Anlage (eines Tempels?), 2,5 km n. der Ortseinfahrt des Küstenortes Güvercinlik, ca. 200 m. w. der Fernstraße von Milas nach Bodrum, steht auf einer Säulentrommel aus Marmor eine Widmungsinschrift an die Kaiser Trebonianus und Volusianus (251–253)[19].

5. Sıralık
In den Ruinen auf der Halbinsel Sıralık, etwa 4 km w. von Güvercinlik ist auf einem Bruchstück einer Marmorplatte das Fragment einer Inschrift erhalten, die den karischen Statthalter *(diasēmotatos hēgemōn)* Ualerios nennt und zusätzlich die Entfernungsangabe von 10 Meilen. Diese Marmorplatte ist daher trotz der ungewöhnlichen Form (anstatt einer Säule) als Meilenstein zu werten[20]. Der Hēgemōn (Praeses) Ualerios ist wohl identisch mit dem auf einem Meilenstein in Sekköy (Nr. 15.1.) genannten Ualerios Rinakios aus der 2. Tetrachie (305–306)[21].

6. Meilenstein von Göl(köy)
In den Ruinen der Kirche von Gölköy wurde ein Meilenstein gefunden, der aus der Zeit der 1. Tetrarchie (Diokletian, Maximian, Constantius I. und Galerius, 295–305) stammt (der Name Maximians wurde eradiert), den Statthalter *(diasēmotatos hēgemōn) Phulbios Astikos* nennt und 3 oder 10 Meilen Entfernung von Halikarnassos misst[22]. Fulvius Asticus ist 301 in Aizanoi als Statthalter der Provinz Phrygia et Caria bezeugt und wird auch auf Meilensteinen in Halikarnassos/Bodrum/Yeniköy (Nr. 8), Mylasa (Nr. 13.1.), Sekköy (Nr. 15.5) und Cumalı bei Alabanda (Nr. 16) genannt[23].

7. Beypınar/Dağbelen
In Beypınar bei Dağbelen wurde ein in 2 Teile zerbrochener Meilenstein (heute im Museum von Bodrum) mit griechischer Inschrift gefunden, der wohl zur Verbindung von Göl mit Myndos gehörte, die hier nicht der Küste entlang, sondern im Landesinneren verlief. Auf dem oberen, mehrfach neu beschriebenen Teil, sind die *despotes (sic!)* Constantius II. und Constans (337–350) und danach die Kaiser der 1. Tetrarchie ([Diokletian, Maximian], Constantius I. und Galerius, 295–305) genannt, auf dem unteren Teil erscheint der karische Statthalter *(megaloprepestatos komēs kai hypatikos) Phlabios Iōanēs* unter Kaiser Anastasios (491–518)[24]. Der Statthalter *Phlabios Iōanēs* unter Kaiser Anastasios ist auch auf dem Meilenstein von Yokuşbaşı (Nr. 14.1.) genannt.

---

[18] W. BLÜMEL, *AST* 10 (1992 [1993]) 209 = *SEG* 42. 991, *EA* 25 (1995) 39f.; FEISSEL, Chroniques 95f., Nr. 306, 307.

[19] A. ZÄH, Eine unbekannte Säulen-Basilika auf dem Territorium von Bargylia. *OCP* 73 (2007) 419, 425, Fig. 3, 428, Foto 3; Lesung der Inschrift nach R. DESCAT et K. KONUK (Hrsg.), A l' Est d' Halicarnasse. La Carie du Golfe Céramique à la plaine de Mylasa. Erscheint voraussichtlich 2013. Bordeaux (Ausonius Éditions).

[20] FOSS, Strobilos 170, A. 89; FRENCH, Catalogue 851; RUGGIERI – GIORDANO – ZÄH, Alicarnasso 123; RUGGIERI, Caria 59, 109, A. 35, 118, 191, A. 10.

[21] *SEG* 41. 938D; DEBORD – VARİNLİOGLU, Carie 229f., Nr. 93C.

[22] FOSS, Strobilos 172, A. 95; FRENCH, Catalogue 850; RUGGIERI – GIORDANO – ZÄH, Alicarnasso 123f.; RUGGIERI, Caria, 59, 118 (Abb. III/1), 191, A. 12 (zum heutigen Aufstellungsort); der Text ist nahezu identisch mit dem Meilenstein von Bodrum/Yeniköy: FRENCH, Catalogue 844; FRENCH, *ZPE* 43 (1981) 173, Nr. 16, nur zusätzlich erhalten in Z. 1 τοῖς κυρίοις ἡμῶν.

[23] FRENCH, Catalogue 201, 844, 854; *SEG* 41. 941a ; ROUECHE, Aphrodisias 319.

[24] BEAN – COOK, Halicarnassus Peninsula 138f., Nr. 54 a, b; FRENCH, Road-System 726, Nr. 33; FRENCH, Catalogue 848; ROUECHE, Aphrodisias 320; W. BLÜMEL, *EA* 25 (1995) 40; RUGGIERI, Caria 61.

8. Halikarnassos (Bodrum)
Im Museum von Bodrum (Inv. Nr. 1-21-75) ist ein griechischer Meilenstein verwahrt, der aus Yeniköy bei Bodrum stammen soll[25]. Er nennt den Statthalter *(diasēmotatos hēgemōn) Phulbios Astikos* in der 1. Tetrarchie (Diokletian, Maximian, Constantius I. und Galerius, 295–305) und misst 2 Meilen Entfernung von Halikarnassos. Zusätzlich sind spätere Widmungen an Constantius II. und Constans (337–350) sowie Arcadius und Honorius angebracht (395–408)[26]. Fulvius Asticus ist 301 in Aizanoi als Statthalter der Provinz Phrygia et Caria bezeugt und wird auch auf Meilensteinen in Gölköy (Nr. 6), in Mylasa (Nr. 13.1.), Sekköy (15.5.) und Cumalı bei Alabanda genannt (Nr. 16)[27].

9. Aşağı Mazı
Im Garten der Volksschule von Gökbel (Bargasa) ist ein Meilenstein aufgestellt, der aus Aşağı (oder Yukarı) Mazı verschleppt worden sein soll. Erhalten sind in einer Reihe von oben nach unten nur die Buchstaben H, B, M und Z. In H wird Halicarnassus, in B Bargasa, in M μίλια vermutet[28]. Z könnte als Meilenzahl 7 (von Bargasa) gedeutet werden. Diese Entfernung passt nur, wenn der Stein in Aşağı Mazı aufgestellt war. Auch wenn die Deutung der Inschrift unsicher ist, könnte die Säule ein Meilenstein gewesen sein.

10. Türkevleri
Fragment eines Meilensteines ohne erkennbare Schriftzeichen[29].

*Meilensteine der Straße, die von Milet nach Mylasa und weiter nicht entlang der Küste, sondern durch das Landesinnere nach Halikarnassos führte:*

11. Sakızburnu
Meilenstein, gefunden in Sakızburnu (heute Dalyan, an der Abzweigung der Straße nach Milet von der modernen Fernstraße Söke–Milas), 8 km ö. von Milet[30], aus der 1. Tetrarchie (Diokletian, Maximian, Constantius I., Galerius, 295–305) mit weiteren Widmungen an: 2. Constantinus I. und Licinius (313–317), 3. Constantinus I. mit Constantinus II., Constantius II. und Constans (333–337), 4. Constantinus II., Constantius II. und Constans (337–340), 5. Constantius II. und Constantius Gallus (351–354), 6. Constantius II. mit Iulianus (355–360), 7. Iulianus (360–363). Als Entfernung werden 3 Meilen (sowohl Γ als auch III), *scil.* von Milet aus, angegeben[31].

12. Meilenstein in Pınarcık (Mersinet)[32]

13. Meilensteine in Mylasa
13.1. Meilenstein aus der 1. Tetrarchie (Diokletian, Maximian, Constantius I. und Galerius, 295–305) mit weiteren Widmungen an: 2. Constantinus I. und Licinius mit Crispus (317–324), 3. Constantinus I. mit Crispus, Constantinus II. und Constantius II. (324–326), 4. Constantinus I. mit Constantinus II., Constantius II. und Constans (333–337), 5. Constantinus II. mit Constantius II. und Constans (337–340), 6. Constantius II. und Constans (340–350). Bei der 2., 3. und 6. Widmung sind 4 (Δ) Meilen Entfernung von Mylasa angegeben[33]. Als Statthalter der Provinz Phrygia et Caria erscheint in der 1. Tetrarchie wie auf den Meilensteinen von Gölköy

---

25 Nach einer Auskunft im Archäologischen Museum Bodrum, die ich Mustafa Sayar verdanke, wurde der Stein in Bodrum / Türkkuyusu gefunden.
26 D. H. French, *ZPE* 43 (1981) 173f., Nr. 16; *SEG* 31.932; French, Catalogue 844.
27 French, Catalogue 201, 850, 854; Roueche, Aphrodisias 319.
28 Ruggieri, Keramos 35, 63, A. 41, 407, Fig. EP18, 408, Nr. 85 (hier Yukarı Mazı als Fundort); Ruggieri, Caria 118. Der Buchstabe M (μίλια) ist nicht zu lesen, wie mir R. Descat schriftlich mitteilte.
29 Varinlioğlu, Keramos 2, Taf. II,1; Ruggieri, Keramos 33.
30 Wilski, Karte G5 (Ssakysburnu); R. Kiepert, Karte von Kleinasien, 1 : 400.000, Bl. Smyrna, 1905 (Sakyz Burnu); Philippson, Das südliche Jonien 18.
31 *CIL* III 14404 und 14404a, French, Catalogue 209 (Yeniköy).
32 French, Catalogue 856 (ohne Text); Benoit – Pierobon Benoit – Ragone, Territorio a N di Iasos 869.
33 French, *ZPE* 43 (1981) 173–174, Nr. 16; *SEG* 31.940; French, Catalogue 854; Blümel, Mylasa I 36.

(Nr. 6), Halikarnassos (Nr. 8), Sekköy (Nr. 15.1.) und Cumalı bei Alabanda (Nr. 16) Fulvius Asticus (301 in Aizanoi bezeugt)[34].

13.2. Meilenstein an der Straße von Mylasa nach Passala, gefunden in einem Feld. Der bilingue Meilenstein stammt aus den letzten Regierungsjahren Domitians, dessen Name eradiert und 97 n. Chr. durch Nerva ersetzt wurde. Als Errichter ist Chresimus *libertus procurator a marmoribus* (Χρήσιμος ἀπελεύθερος καὶ ἐπίτροπος λατομίων) genannt, der Straßen wiederherstellte (*vias restituit*, τὰς ὁδοὺς ἀποκατέστησεν). Als Meilenangabe steht Z (=7), wohl von Mylasa. Chresimus ist auch aus Inschriften in Tralleis, Ephesos und Paros (?) bekannt[35]. Die genaue Fundstelle des Meilensteins ist leider aus den Aufzeichnungen Roberts nicht zu erschließen; die Meilenzahl 7 führt aber etwa in die Mitte der Route zwischen Mylasa und Passala, der Hafenstadt von Mylasa. Der Stein gehört daher zu einer Stichstraße, die in Mylasa von der Inlandsverbindung Milet–Halikarnassos abzweigte und in Passala die „Küstenstraße" nach Halikarnassos erreichte.

14. Yokuşbaşı
14.1. Meilenstein in Yokuşbaşı. Hier zweigt von der modernen Straße Bodrum–Milas eine Straße ab, die über Kızılağaç entlang der alten Inlandsverbindung Halikarnassos–Mylasa nach Mumcular (Karaova) führt. Der wohl in der Nähe von Yokuşbaşı gefundene Meilenstein gibt als Entfernung nur M (eine Meile), *scil.* von Halikarnassos an. Er trägt zwei griechische Inschriften, von denen eine den Statthalter *(anthypatos)* von Asia Lollios Gentianos unter Septimius Severus und Caracalla mit Geta (dieser eradiert) und Iulia Domna (197–211) nennt, unter dem die Straßen wiederhergestellt wurden (αἱ ὁδοὶ ἀποκατεστάθησαν), die zweite den karischen Statthalter *(megaloprepestatos komēs kai hypatikos) Phlabios Iōanēs* unter Kaiser Anastasios (491–518)[36]. Der Statthalter *Phlabios Iōanēs* ist auch auf dem Meilenstein von Beypınar/Dağbelen (Nr. 7) genannt.
14.2. Ebenfalls aus der Umgebung von Yokuşbaşı stammt vielleicht ein weiterer Meilenstein (im Museum von Bodrum), der 2 griechische Inschriften trägt. Die erste nennt auch Septimius Severus, Caracalla und Geta mit Iulia Domna, sowie den *Anthypatos Lollios Gentianos*, der die Straßen wiederherstellen ließ und die Entfernungsangabe M (eine Meile), die zweite die Sebastoi Maximian und Licinius, sowie die *Kaisares* Maximinus und Constantinus I. aus der 4. Tetrarchie (308–311) mit der Entfernungsangabe ϛ' (sieben Meilen). Als Statthalter ist ein *Valerios Bataos diasēmotatos* genannt[37].

*Meilensteine einer Straße, die – von der Inlandsverbindung Mylasa–Halikarnassos nach Süden abzweigend – nach Keramos führte, wo sie die „Küstenstraße" erreichte:*

15. Sekköy
15.1. Im Dorf Sekköy wurde bei Bauarbeiten in der Flur Başkuyu ein Meilenstein gefunden, der bei der Entdeckung durch den Bulldozer vertikal in zwei Hälften gebrochen wurde (heute im Museum Milas, Inv. Nr. 1420). Auf der einen Seite steht eine Bilingue aus dem Jahr 201, die Septimius Severus, Caracalla, Geta und Iulia Domna sowie den Statthalter *(anthypatos)* der Provinz Asia Polos Terentianos und den *epitropos*, also den für den Straßenbau zuständigen Beamten, Atilios Klaros nennt. Auf der anderen Seite sind drei Inschriften angebracht, zwei lateinische und eine griechische. Die obere lateinische Inschrift stammt aus der 1. Tetrachie (293–305) und nennt Diokletian und Maximian (die Namen von Constantius I. und Galerius sind nicht mehr erhalten). Die zweite lateinische Inschrift stammt aus der 2. Tetrarchie (305–

[34] French, Catalogue 201, 844, 850; Roueché, Aphrodisias 319.
[35] Erwähnt bei L. Robert, Rapport sommaire sur un second voyage en Carie. *RA* 6. Ser. 6 (1935) 160–161: „Sur la route de Mylasa à Passala (d. h. dem Hafen von Mylasa) un milliaire bilingue, avec les titres de Domitien effacés et remplacés par ceux de Nerva, mentionne un affranchi, ἐπίτροπος τῶν λατομείων, connus par ailleurs". Aus dem Skizzenbuch Roberts ediert von P. Herrmann, *Tyche* 3 [1988]) 122–124; *Année épigraphique* 1988, 273f., Nr. 1028; Hirt, Chresimus, *procurator a marmoribus*.
[36] Gregoire, Recueil 80, Nr. 236; Bean – Cook, Halicarnassus Peninsula 106f., Nr. 33a, b; French; Catalogue 845; W. Blümel, *EA* 25 (1995) 39; Ruggieri, Keramos 37; Ruggieri, Caria 59.
[37] E. Varinlioglu, *AST* 17/1 (1999 [2000]) 235f.; *Année épigraphique* 1999, Nr. 1593.

306) und nennt die Augusti Constantius I. und Galerius sowie die Caesares Severus und Maximinus Daia. Die griechische Inschrift gibt als karischen Statthalter *(hēgemōn)* Ualerios Rinakios (wie auf Meilenstein Nr. 5 aus Sıralık) an[38] und die Meilenzahl θ (9).

15.2. wie 15.1., ein Meilenstein mit der griechischen Widmung für Traianus Decius und Herennia Etruscilla aus dem Jahre 250 nennt als Statthalter *(presbeutēs tu Sebastu kai antistratēgos)* der Provinz Phrygia et Caria Klōdios Kelseinos sowie die Stadt Keramos mit der Meilenzahl θ (9)[39]. Der Statthalter der Provinz Phrygia et Caria Clodius Celsinus ist in Karien auch auf einem Meilenstein in Iasos (Nr. 2) und weiteren in Sekköy (Nr. 15.3., 15.4.) genannt.

15.3. wie 15.1., ein Meilenstein mit drei griechischen Texten. Der erste Text stammt, wie 15.2., aus der Zeit des Traianus Decius unter dem Statthalter der Provinz Phrygia et Caria Klōdios Agrippianos Kelseinos mit dem Vermerk, dass dieser die Straßen wiederherstellte (τὰς ὁδοὺς ἐπεσκεύασεν). Clodius Celsinus ist in Karien auch auf einem Meilenstein in Iasos (Nr. 2) und auf weiteren in Sekköy (Nr. 15.2., 15.4.) genannt. Die zweite Inschrift wurde im Jahre 255 unter Valerianus und Gallienus unter dem Statthalter *(presbeutēs tōn Sebastōn kai antistratēgos)* der Phrygia et Caria Markos Aurēlios Diogenēs angebracht, nennt die Stadt Keramos und ζ (7) Meilen als Entfernung. Die dritte Inschrift entstand in der 1. Tetrarchie (293–305) unter Diokletian, Maximian, Constantius I. und Galerius und nennt ebenfalls die Stadt Keramos und ζ (7) Meilen Entfernung[40].

15.4. wie 15.1. eine griechische Inschrift für [Traianus Decius] unter dem Statthalter der Provinz Phrygia et Caria Klōdios Agrippianos Kelseinos[41]. Clodius Celsinus ist in Karien auch auf dem Meilenstein in Iasos (Nr. 2) sowie weiteren in Sekköy (Nr. 15.2., 15.3.) genannt.

15.5. wie 15.1. ein Meilenstein mit einer griechischen, einer lateinischen und zwei weiteren griechischen Inschriften[42]. Die erste Inschrift aus der 1. Tetrarchie (293–305) nennt außer den Kaisernamen auch den 301 in Aizanoi als Statthalter der Provinz Phrygia et Caria bezeugten Statthalter *(hēgemōn) Tiberios Phulbios Astikos* und zwei Meilen Entfernung. Fulvius Asticus erscheint auch auf den Meilensteinen in Gölköy (Nr. 6), Halikarnassos/Bodrum/Yeniköy (Nr. 8), Mylasa (Nr. 13.1.) und Cumalı bei Alabanda (Nr. 16)[43]. Die zweite (lateinische) Inschrift nennt die *Augusti* Maximinus Daia, Constantinus I. und Licinius (Mai 310–Mai 311), die dritte die *Kaisares* Crispus, Licinius Iunior und Constantinus II. (317) unter dem karischen Statthalter *(hēgemōn diasēmotatos)* Phirminianos, die vierte die *despotes* Constantius II. und Constans (337–350).

*Meilensteine einer Straße, die vom Mäandertal entlang des Marsyas (Çine Çayı)-Tales nach Stratonikeia führte:*

16. Cumalı

Bilinguer Meilenstein aus Cumalı, 9 km nnö. von Alabanda (Araphisar)[44]. Der griechische Text nennt die Herrscher der 1. Tetrarchie und den 301 in Aizanoi als Statthalter der Provinz Phrygia et Caria bezeugten Fulvius Asticus, wie die Meilensteine aus Gölköy (Nr. 6), Halikarnassos/Bodrum/Yeniköy (Nr. 8), Mylasa (Nr. 13.1.) und Sekköy (Nr. 15.5.)[45]. Entfernung: 5 Meilen von Alabanda. Der lateinische Text ist Constantinus I. und Licinius (306–324) gewidmet und gibt ebenfalls 5 Meilen als Entfernung an.

[38] E. Varinlioğlu – D. H. French, A new milestone from Ceramus. *REA* 94 (1992) 403–412; *SEG* 41. 938A; 45. 1526; Debord – Varinlioğlu, Carie 227–230, Nr. 93A–93C.

[39] Varinlioğlu – French, Four Milestones 126–127, Nr. 1; *SEG* 41. 939; Debord – Varinlioğlu, Carie 230–231, Nr. 94.

[40] Varinlioğlu – French, Four Milestones 127–129, Nr. 2; *SEG* 41. 940a; Debord – Varinlioğlu, Carie 231–234, Nr. 95A–95C.

[41] Varinlioğlu – French, Four Milestones 135, Nr. 4; *SEG* 41. 942; Debord – Varinlioğlu, Carie 234, Nr. 96.

[42] Varinlioğlu – French, Four Milestones 129–134, Nr. 3; *SEG* 41. 941a–d; Debord – Varinlioglu, Carie 235–237, Nr. 97A–97D.

[43] French, Catalogue 201, 844, 854; Roueche, Aphrodisias 319.

[44] Le Bas – Waddington II, 193, Nr. 551; *CIL* III 480, 481; *CIG* III, p. 1087; French, Catalogue 201.

[45] French, Catalogue 844, 854; Roueche, Aphrodisias 319.

17. Bağcılar (früher Gibye), 2 km ssö. von Lagina (Turgut, Leyna)
17.1. Bilinguer Meilenstein aus dem Jahr 201, der im ersten Teil zuerst lateinisch und danach griechisch Septimius Severus, Caracalla, Geta (dieser eradiert) und Iulia Domna nennt mit dem Vermerk αἱ ὁδοὶ πᾶσαι ἀποκατεστάθησαν und im zweiten nur griechischen Teil die drei Söhne Constantins I. Constantinus II., Constantius II. und Constans, die von 337–340 zusammen regierten[46].
17.2. Bilinguer Meilenstein, identisch mit dem ersten Teil von Nr. 17.1., jedoch im griechischen Abschnitt mit zusätzlicher (in 17.1. verlorener) Nennung des Statthalters *(anthypatos)* der Provinz Asia Lollius Gentianus, eines weiteren Würdenträgers Tiberius [ – ] und der Entfernung von 8 Meilen (*scil.* von Stratonikeia)[47].
17.3. Meilenstein mit unpubliziertem griechischem Text, der einen bisher unbekannten spätantiken Statthalter Kariens nennt und 7 Meilen Entfernung von Stratonikeia misst[48].

*Meilensteine einer Straße, die von Antiocheia am Mäander über Aphrodisias, Hērakleia Salbakēs, Apollōnia und Sebastopolis nach Kibyra führte:*

18. Yenice
18.1. Meilenstein, gefunden zwischen Yenice und Karacasu, auf einer Seite mit lateinischer und auf der anderen Seite mit griechischer Inschrift. Die lateinische Inschrift nennt den *Augustus* Constantinus I. und die *Caesares* Constantius II. und Constans (337). Die griechische Inschrift ist Constantius II. und Constans (337–350) gewidmet und misst MI (ligiert) S (S vermutlich Stigma = 6)[49], wohl wie 18.2. von Antiocheia.
18.2. Bilinguer Meilenstein, gefunden wie 18.1. Griechische Widmung an Constantius II. und Constans (337–350), lateinische an Iulianus (360–363). Die Entfernung wird *ab Antiochia [ – ]* gemessen[50].

19. Karahisar[51], 3 km sw. von Hērakleia Salbakēs
19.1. Meilenstein, der oben eine griechische und darunter in 2 Spalten eine lateinische und eine griechische Inschrift und unten eine griechische Inschrift aufweist. In der oberen griechischen Inschrift sind die *Augustoi* Theodosius II. und Valentinianus III. (425–450) und zwei Meilen Entfernung genannt, in der linken (lateinischen) Spalte darunter die *Caesares* (= *Augusti*) Constantinus II., Constantius II. und Constans (337–340), in der rechten (griechischen) die *Augustoi* Arcadius und Honorius (395–408) und zwei (6?) Meilen Entfernung von Hērakleia. Die griechische Inschrift darunter nennt die *Kaisares* (zu ergänzen: Constantius I. und Maximian [293–305]) und den Statthalter *(hegēmōn)* der Provinz Phrygia et Caria L. Castrius Constans mit der Entfernungsangabe (ohne Zahl) von Hērakleia[52].
19.2. Bilingue Widmung, zunächst lateinisch an die *Augusti* Diokletian und Maximian und danach griechisch an die *Kaisares* Constantius I. (verschrieben: Κωνστάντιν) und Maximian (1. Tetrarchie 293–305) mit der Entfernungsangabe 3 Meilen vom Hērakleia[53].

20. Kızılcabölük
Meilenstein von Kızılcabölük, 3 km sö. von Hērakleia Salbakēs. Griechische Widmung an Arcadius und Honorius (395–408) mit der Angabe von 8 Meilen Entfernung[54].

---

46 *CIL* III 482, 483, 12271, Suppl. p. 982; Newton, Halicarnassus 572; Le Bas – Waddington II, 192, Nr. 536 a, b; G. Cousin, *BCH* 15 (1891) 420, Nr. 3; J. Negroponte, *Rev. Phil.* 20 (1896) 62; Şahin, Stratonikeia II/1 811a, 812; French, Catalogue 841.
47 G. Cousin, *BCH* 15 (1891) 420, Nr. 3; *CIL* III 12272; J. Negroponte, *Rev. Phil.* 20 (1896) 62; Şahin, Stratonikeia II/1 811; French, Catalogue 842.
48 L. Robert, *CRAI* 1948, 80 (= Op. min. sel. III 1457); Şahin, Stratonikeia II/1 810, Taf. XII; French, Catalogue 843.
49 G. Radet, *BCH* 14 (1890) 235f. Nr. 8; *CIL* III 12268, 14202[1].
50 G. Radet, *BCH* 14 (1890) 236, Nr. 9; *CIL* III 12269, 14202[2]; French, Catalogue 206.
51 Zu Ruinen in Karahisar vgl. Ritter, Kleinasien II 897.
52 P. Paris – M. Holleaux, *BCH* 9 (1885) 332f., Nr. 18; *CIL* III 7207; *MAMA* VI 35f., Nr. 94, Taf. 18; Robert – Robert, Carie II 199f., Nr. 123; Roueché, Aphrodisias 319; French, Catalogue 358.
53 *CIL* III 13688; Kubitschek – Reichel, Reise in Karien und Phrygien 103; *MAMA* VI 36, Nr. 96, Taf. 18; Robert – Robert, Carie II 198f., Nr. 122; French, Catalogue 359.
54 *MAMA* VI 36, Nr. 95, Taf. 18; Robert – Robert, Carie II 200, Nr. 124; French, Catalogue 361.

21. Deliktaş
Meilenstein in Deliktaş (auch Karacaören) zwischen Sebastopolis und Barzova, ca. 3 km n. von Nikfer[55]: Säule aus rohem Stein mit etwa 12-zeiliger griechischer Inschrift, zu erkennen in der ersten Zeile: Σεβαστοῖς[56]. Von Nikfer gibt es eine Verbindung über Mevlütler nach Acıpayam (Denizli İl Haritası); von Nikfer hier aus ist auch Kidrama an das Straßennetz angebunden.

22. Çamköy
Meilenstein in Çamköy, 16 km nnö. von Kibyra. Griechische Widmung an Septimius Severus, Caracalla, Geta und Julia Domna. Kibyra ist als *caput viae* genannt, die Entfernungsangabe verloren[57].

23. Yusufça,
In Yusufça, ca. 5 km nnö. von Kibyra, steht am Eingang des Gemeindeparks eine Grabsäule, die als Meilenstein wieder verwendet wurde. Griechische Widmung an die *Augustoi* Theodosius II. und Valentinianus III. (425–450) mit der Angabe von 7 Meilen Entfernung (*scil.* von Kibyra)[58].

---

[55] Nikfer wurde zwar in Konak bzw. Büyükkonak umbenannt, trägt aber heute wieder den alten Namen (Bereisung 2010).
[56] Robert – Robert, Carie II 358.
[57] Corsten, Kibyra I 14.
[58] N. P. Milner, An Epigraphical Survey in the Kibyra/Olbasa Region Conducted by A.S. Hall (*RECAM* 3 = *Brit. Inst. of Archaeology at Ankara Monograph* 24). Hertford 1998, 20, Nr. 44; Corsten, Kibyra I 18; Feissel, Chroniques 105, Nr. 334.

# ANALYSE DER MEILENSTEININSCHRIFTEN

Die folgende Analyse der Meilensteininschriften erfolgt unter den drei Aspekten A) Straßenführung, B) Straßenbaumaßnahmen und C) Nennung von Kaisern (als Bauherren) bzw. Widmungen an diese:

A) Straßenführung

Zur Straßenführung geben die Inschriften Auskunft, bei denen die Entfernung zu einem Ort (dem *caput viae*), der nicht immer ausdrücklich genannt wird (im Folgenden unter *scil.* angeführt), aufscheint[59]. 1.1. und 1.2. nennen die Entfernung *scil.* von Milet, 2. von Iasos, 6. und 8. von Halikarnassos, 9. von Bargasa (?), 11. *scil.* von Milet, 13.1. von Mylasa, 13.2. *scil.* von Mylasa (?), 14.1. und 14.2. *scil.* von Halikarnassos, 15.1. *scil.* von Keramos, 15.3. von Keramos, 15.5. *scil.* von Keramos, 16. von Alabanda, 17.2. *scil.* von Stratonikeia, 17.3. von Stratonikeia, 18.1. und 18.2. von Antiocheia, 19.1. *scil.* von Hērakleia Salbakēs, 19.2. und 20. von Hērakleia Salbakēs, 22. von Kibyra, 23. *scil.* von Kibyra. Als *capita viarum* sind demnach in Karien genannt (oder erschlossen): Alabanda, Antiocheia, Bargasa (?), Halikarnassos, Hērakleia Salbakēs, Iasos, Keramos, Kibyra, Milet, Mylasa und Stratonikeia. Besondere Aufmerksamkeit verdient das doch sehr abgelegene Keramos, das nicht nur in die karische „Küstenstraße" eingebunden, sondern auch *caput viae* einer *via publica* nach Mylasa war. Die in Meilenstein 6 (Gölköy) angegebene Entfernung von zehn Meilen (die alternativ gelesene Zahl 3 ist nicht denkbar) von Halikarnassos ist auf die „Küstenstraße" zu beziehen, von der es eine Abzweigung nach Halikarnassos gab.

B) Straßenbaumaßnahmen

Nur wenige Steine geben Auskunft zu Straßenbauten. Der Meilenstein Nr. 13.2. der Straße Mylasa–Passala nennt 97 n. Chr. Chresimus *libertus procurator a marmoribus* (Χρήσιμος ἀπελεύθερος καὶ ἐπίτροπος λατομίων), der Straßen wiederherstellte (*vias restituit*, τὰς ὁδοὺς ἀποκατέστησεν), in Nr. 1.1. aus Didyma wird Kaiser Trajan als Erbauer der *Heiligen Straße* von Milet nach Didyma bezeichnet (*viam fecit*, ὁδὸν ἱερὰν κατεσκεύασεν). Die Wiederherstellung der bzw. aller Straßen (αἱ ὁδοὶ [πᾶσαι] ἀποκατεστάθησαν) betonen auch die aus der Severerzeit stammenden Meilensteine Nr. 14.1. und 14.2. von Yokuşbaşı und Nr. 17.1. aus Gibye. Unter Kaiser Decius stellte der Statthalter Clodius Celsinus gemäß dem Meilenstein Nr. 15.3. aus Sekköy Straßen wieder her (τὰς ὁδοὺς ἐπεσκεύασεν). Ein Meilenstein aus Bargylia (Nr. 3) bezeugt die Erneuerung der Meilensteine (ἀνε<νέ>ωσεν τὰ μίλια) unter dem Statthalter *Phlabios Prokopios* zur Zeit des Kaisers Iustinus I.

59 Zum *caput viae* vgl. RATHMANN, Viae publicae 170. Das *caput viae* kann bei Fernstraßen oft sehr weit entfernt sein. So misst z. B. der unter Consul Manius Aquillius 129–126 v. Chr. in Kumköy in Pamphylien (→ *TIB* 8, *s. v.*) errichtete Meilenstein 331 römische Meilen (ca. 490 km) vom *caput viae*, das nur Pergamon sein kann, ein unter Septimius Severus in Colaklı, ebenfalls in Pamphylien (→ *TIB* 8, *s. v.*), aufgestellter dagegen 459 Meilen (ca. 680 km) vermutlich von Antiocheia in Syrien; vgl. J. NOLLÉ, Side im Altertum II (*IK* 44). Bonn 2001, Nr. 176. Auch die Meilensteine der unter Kaiser Augustus gebauten *Via Sebaste* nennen das meist ebenfalls sehr weit entfernte Antiocheia Pisidias als *caput viae*; vgl. F. HILD, Die Via Sebaste in Kleinasien, in: Ch. STAVRAKOS – Alexandra-Kyriaki WASSILIOU – M.K. KRIKORIAN (Hrsg.), Hypermachos. Festschrift für Werner Seibt zum 65. Geburtstag. Wiesbaden 2008, 61f. Da Karien nur an der Nordgrenze von der Fernstraße von Ephesos (auf dieser Straße gilt bis Tralleis Ephesos als *caput viae*: FRENCH, Catalogue 198–200, 202, 204, 472, danach Tralleis: FRENCH, Catalogue 203) durch das Mäandertal gestreift wurde, beziehen sich alle Entfernungsangaben der karischen Meilensteine auf die nächstgelegene oder überregional bedeutendere nächste Stadt; vgl. dazu auch K. SCHNEIDER, Miliarium. *RE* Suppl. 6 (1935) 427.

C. Nennung von Kaisern (als Bauherren) bzw. Widmungen an diese

Die Behauptung: „Die Praxis, Meilensteine aufzustellen, ließ im 4. Jh. deutlich nach und brach im 5. Jh. völlig ab“[60], gilt nicht für Kleinasien, denn in Kleinasien wurden mehr als 1100 Meilensteine gefunden, von denen etwa 40% oder, nach Jahrhunderten gesehen, die meisten aus dem 4. Jh. stammen[61]. In Karien finden wir darüber hinaus auch Steine des 5. und 6. Jhs., wie die folgende Aufstellung zeigt:

Als Bauherren (im Nominativ) sind nur Domitian, nach Rasur durch Nerva ersetzt, in Stein Nr. 13.2. sowie Trajan in Nr. 1.1. bezeugt. Alle anderen Meilensteine enthalten Widmungen an Kaiser (im Dativ):

Dynastie der Severer Nr. 4, 14.1., 14.2., 15.1., 17.1., 17.2., 22,
Decius Nr. 2, 15.2., 15.3., 15.4.,
Valerian und Gallien Nr. 15.3.,
Trebonianus und Volusianus (251–253) Nr. 4,
1. Tetrarchie (Diokletian, Maximian, Constantius I. und Galerius, 293–305) Nr. 2, 6, 7, 8, 11, 13.1., 15.1., 15.3., 15.5., 16, 19.1., 19.2.,
2. Tetrarchie (Constantius I., Galerius, Severus und Maximinus Daia, 305–306) Nr. 5, 15.1.,
4. Tetrarchie (Maximian, Licinius, Maximinus Daia, Constantinus I., 308–311) Nr. 14.2.,
Constantinus I. und Licinius (306–324) Nr. 16,
Maximinus Daia, Constantinus I. und Licinius (310–311) Nr. 15.5.,
Constantinus I. und Licinius (313–317) Nr. 11,
Crispus, Licinius Iunior, Constantinus II. (317) Nr. 15.5.,
Constantinus I. und Licinius mit Crispus (317–324) Nr. 13.1.,
Constantinus I. mit Crispus, Constantinus II. und Constantius II. (324–326) Nr. 13.1.,
Constantinus I. mit Constantinus II., Constantius II. und Constans (333–337) Nr. 11, 13.1.,
Constantinus I., Constantius II. und Constans (337) Nr. 18.1.,
Constantinus II. mit Constantius II. und Constans (337–340) Nr. 11, 13.1., 17.1., 19.1.,
Constantius II. und Constans (337–350) Nr. 7, 8, 13.1., 15.5., 18.1.,
Constantius II. und Constantius Gallus (351–354) Nr. 11,
Constantius II. mit Iulianus (355–360) Nr. 11,
Iulianus (360–363) Nr. 1.2., 11, 18.1.,
Arcadius und Honorius (395–408) Nr. 8, 19.1., 20,
Theodosius II. und Valentinianus III. (425–450) Nr. 19.1., 23,
Anastasius (491–518) Nr. 3, 7, 14.1.,
Iustinus I. (518–527) Nr. 3.

In das 4. Jh. ist vermutlich der Meilenstein Nr. 21 aus Deliktaş zu datieren, der eine Widmung an die *Sebastoi = Augusti* aufweist. Diese Aufstellung zeigt, dass die Mehrzahl der karischen Meilensteine aus der Spätantike und der frühbyzantinischen Zeit stammt. Aus dieser Zeit (spätes 3., frühes 4. Jh.) ist inschriftlich auch ein Oberaufseher des Verkehrs- und Transportwesens in Karien bekannt: Βικτωρεῖνος ἀπὸ πρωτηκτόρων ἔπαρχος βεκούλων (*Biktōreinos apo prōtēktorōn eparchos bekulōn)*, Victorinus *exprotector, praefectus vehiculorum*[62].

Die Meilensteine bezeugen einerseits ganz klar die wichtigsten Verkehrsadern Kariens und andererseits auch, dass Karien keine für Rom oder später Byzanz wichtigen Fernstraßen hatte, da immer nur lokale *capita viarum* und keine Fernziele genannt werden. Die Straße von Ephesos durch das Mäandertal nach Anatolien berührte nur partiell Karien (bei Karura); die Fernstraße von Pergamon nach Sidē in Pamphylien führte an Karien vorbei[63]. Die karische „Küstenstraße“ war nur von regionaler Bedeutung, für längere Strecken wur-

---

60 M. Rathmann, Meilensteine. *DNP* 7 (1999) 1158.

61 Anne Kolb, Römische Meilensteine: Stand der Forschung und Probleme, in: Regula Frei-Stolba (Hrsg.), Siedlung und Verkehr im Römischen Reich. Römerstraßen zwischen Herrschaftssicherung und Landschaftsprägung. Akten des Kolloquiums zu Ehren von Prof. H. E. Herzig vom 28. und 29. Juni 2001 in Bern. Bern–Wien (u. a.) 2004, 139.

62 Roueché, Aphrodisias 198f., Nr. 152

63 Vgl. dazu die Straßenübersicht in *TIB* 8, 245.

den vor allem die Täler des Mäander, des Marsyas (Çine Çayı), Harpasos (Akçay) und Morsynos (Dandalas, Geyre Çayı) genutzt.

Aus der Tabula Peutingeriana und den Meilensteinen ergibt sich unter Berücksichtigung der geographischen Gegebenheiten und archäologischen Quellen (Brücken und erhaltene alte Straßenstücke) folgendes Bild für die antiken und frühbyzantinischen Straßen in Karien:

Route 1. Die „Küstenstraße“

Route 2. Die Straße an der Südseite des Mäandertales von Milet nach Antiocheia, wo sie auf die nördlich des Mäander verlaufende Fernstraße von Ephesos traf, die über das karische Karura nach Laodikeia in Phrygien führte.

Route 3. Die Straße von Milet über Mylasa nach Halikarnassos mit Abzweigungen, die von Eurōmos in das Mäandertal und von Mylasa nach Iasos, Labraunda (und von dort in das Mäander- bzw. Marsyastal), Lagina, Stratonikeia, Keramos und Passala führten.

Route 4. Die Straße durch das Marsyas-Tal über Alabanda, Lagina, Stratonikeia, Panamara, Pisyē, Thēra nach Ula und von dort über Kallipolis nach Köyceğiz und Kaunos oder zur „Küstenstraße“.

Route 5. Die Straße durch das Harpasos-Tal über Harpasa, Neapolis und Hyllarima bzw. Xystis nach Stratonikeia zur Route 4.

Route 6. Die Straße von Antiocheia durch das Morsynos-Tal nach Aphrodisias, Hērakleia Salbakēs, Apollōnia, Sebastopolis und Kibyra mit einer Abzweigung nach Tabai und Mobōlla bzw. Ula zur Route 4.

Dazu kommen zwei regionale Verbindungen, die Westkarien mit Ostkarien und damit auch mit der Mētropolis Aphrodisias/Staurupolis verbanden.

Route 7. Von Milet gelangte man auf Route 1 bis an das Ostufer des ehemaligen Latmischen Golfes und dann über den Latmos (Latros) nach Amyzōn, von hier auf Route 3 nach Alinda, weiter nach Alabanda und über Eskiçine (Überquerung des Marsyas und des Madaran Çayı auf Brücken) nach Hyllarima, danach – nach Überquerung des Harpasos auf der Brücke bei Kemer – nach Aphrodisias.

Route 8. Von Halikarnassos auf Route 1 oder 3 nach Mylasa und dann über Stratonikeia ebenfalls nach Hyllarima und Aphrodisias.

Die von Kibyra nach Lykien und Phrygien ausstrahlenden Routen, die ebenfalls durch zahlreiche Meilensteine bezeugt sind, wurden bereits in *TIB* 8 dokumentiert.

# DIE STRASSENROUTEN

## Route 1. Die „Küstenstraße"

Die in der *Tabula Peutingeriana* bezeugten Orte dieser Straße sind, ausgehend von Ephesos: *Lince*, Milet *(Miletum)*, Myndos *(Minde fl.)*, Knidos *(Chidum)*, Lōryma *(Lorimna)* und Kaunos *(Cano)*.

Von Ephesos führte gemäß der *Peutingeriana* auch eine Straße in das Landesinnere, die über Magnēsia am Mäander am Nordufer des Flusses verlief und nach Überbrückung des Flusses in Antiocheia auf der Südseite über Karura in Karien Laodikeia in Phrygien erreichte[64].

Als erste Station der „Küstenstraße" nennt die *Peutingeriana* mit einer Entfernung von 71 Meilen (von Ephesos) *Lince*, vermutlich Hērakleia Latmu[65]. Diese führte von Ephesos nach P(h)ygela (Kuşadası) und dann entweder der Küste der Halbinsel Mykalē folgend[66] oder zwischen Mykalē (Samsun Dağı, Dilek Dağları) und Thōrax (Gümüş Dağı) nach Söke (Maiandrupolis?)[67] und von dort nach Myus (Avşarkalesi) am Latmischen Golf[68]. Danach erreichte man über einen westlichen Ausläufer des Latmos-Gebirges[69] und einen nur 370 m hohen Pass (Murtat Geçidi) die Kapıkırı Yaylası w. von Hērakleia (Kapıkırı)[70].

Von *Lince* nach *Miletum* misst die *Peutingeriana* – wohl zu weit – 56 Meilen. In südlicher Richtung kam man von Hērakleia (ein kleines Stück der alten Straße war beim Ost-Tor von Hērakleia erhalten[71], ist heute jedoch verschwunden) nach Çamiçi (früher Bafa), wo man auf die Straße von Milet nach Mylasa (Route 3) stieß.

Ebenfalls 56 Meilen, diesmal zu wenig, misst die *Peutingeriana* von *Miletum* nach Myndos. Dieses ist als *Minde* an der linken Seite eines Flusses eingetragen, auf der rechten Seite steht ergänzend *fl(umen)*. Mit dem Fluss, der in der *Peutingeriana* bei Apameia in Phrygien entspringt, kann nur der Mäander gemeint sein. Dieser mündete jedoch nördlich von Milet in den Latmischen Golf. Da nun offensichtlich der Fluss falsch eingetragen war, wurde vielleicht aus der ursprünglichen Bezeichnung *Maeander flumen* ein *Minde fl(umen)*, obwohl in Myndos gar kein Fluss mündet.

---

[64] Vgl. auch Strabōn 647–650.

[65] MILLER, Itineraria 704, sucht Lince bei *Tomatia (Domatia)*, heute Doğanbey westlich von Priene, BÜRCHNER, Lince. *RE* 13/1 (1926) 712, vermutet, dass Lince statt Priene geschrieben ist. Wahrscheinlicher scheint mir, dass Lince aus Eraclea Latmi enstand. Geogr. Rav. 30 nennt Eraclea, Pirras, Lincie, Palene, Micale und Efesos bzw. 91 Eraclia, Pirra, Lince, Palene, Micale, Ephesum, Guid. Geogr. 134 Meleton (Milet), Heraclea, Pira, Imote, Palene, Micale, Ephesus. Obwohl zwischen Eraclea/Heraclea und Linc(i)e/Imote Pirras/Pira eingeschoben ist, gehört Linc(i)e/Imote vermutlich zu Eraclea, also Eraclea Latmi.

[66] Gegenüber von Samos sind teils aufwändig aus dem Kliff herausgearbeitete Straßenreste mit Stützmauern erhalten: LOHMANN, Mykale 2001–2006, 101 mit Abb. 13, S. 99.

[67] Vgl. LOHMANN, Mykale 2001–2006, 62, 71, 83f.

[68] Zum Latmischen Golf und seiner Anschwemmung durch den Mäander vgl. M. MÜLLENHOFF, Geoarchäologische, sedimentologische und morphodynamische Untersuchungen im Mündungsgebiet des Büyük Menderes (Mäander), Westtürkei (*Marburger geographische Schriften* 141 [2005]), Abb. 51–54: Büyük Menderes-Delta um die Zeitenwende (51), ca. 300 n. Chr. (52), ca. 1000 n. Chr. (53), ca. 1500 n. Chr. (54).

[69] Hier sind zahlreiche Reste der antiken, nicht befahrbaren Pflasterstraßen erhalten, die Pleistarch, dem Gründer der Stadt Hērakleia zugeschrieben werden: Anneliese PESCHLOW, Die antiken Straßen des Latmos. *AST* 12 (1994 [1995] 123–131; *AST* 14/1 (1996 [1997]) 141–143; PESCHLOW-BINDOKAT, Latmos 43–48 mit Abb. 1: Übersichtskarte des Bafa-Sees und seiner Umgebung (Kartenbeilage); PESCHLOW-BINDOKAT, Straßennetz mit Abb. 1 (Stand 1997); PESCHLOW-BINDOKAT, Herakleia am Latmos (mit Karte des Straßennetzes); Abbildung eines Straßenstückes bei HÜTTEROTH – HÖHFELD, Türkei 127, Abb. 27.

[70] PESCHLOW-BINDOKAT, Straßennetz 195, Nr. 3: Die Herakleia-Kargındere-Straße mit Abb. 16, 17 (S. 194); PESCHLOW-BINDOKAT, Herakleia am Latmos, Karte.

[71] F. KRISCHEN, Die Befestigungen von Herakleia am Latmos, in: Milet (Hrsg. Th. WIEGAND), Ergebnisse der Ausgrabungen und Untersuchungen seit dem Jahre 1899, III 2 (1922) Taf. 25,1.

Die „Küstenstraße" von Milet nach Myndos ist durch mehrere Meilensteine (Nr. 1–7) und neuere archäologische Forschungen gut bezeugt. Das erste Stück deckte sich mit der *Heiligen Straße* von Milet über Akköy und Panormos[72] nach Didyma (Abb.1), von der die Meilensteine 1.1. und 1.2. stammen[73]. *Heilige Straßen* von der *Polis* zum zugehörigen Heiligtum sind in Karien mehrfach bekannt oder vorauszusetzen. Sie sind meist auch Teile (über)regionaler Verbindungen[74].

Die anschließende Strecke von Didyma nach Iasos war durch das Grion-Gebirge (İlbir Dağı) vom Inland abgeschlossen[75]. Von Didyma kam man zunächst entlang der Küste in östlicher Richtung an den *Basilicus Sinus* (Akbük Limanı)[76], dem man bis Akbük folgte. Am Weg liegen Argasa[77], Iustinianupolis (?)[78] und Teichiussa[79]. Teichiussa wurde früher mit den byzantinischen Ruinen in Karakuyu bei Argasa[80] und später mit dem Hügel Doğanbeleni an der Bucht von Kazıklı identifiziert[81]. Es lag aber auf der heutigen, erst in späterer Zeit durch Küstensenkung entstandenen Insel Saplı Ada im Osten des Basilicus Sinus, 3,5 km n. von Akbük[82]. In Akbük bog die „Küstenstraße" nach Osten in einen 250 m hohen Pass ab, der nach Kazıklı führt[83]. Die alte offenbar antike Passstraße ist auf eine Länge von ca. 2300 m erhalten. Sie kreuzte die moderne Straße in der Passhöhe (Abb. 2) und führte dann auf dem Hang w. der heutigen Straße in Serpentinen (Abb. 3) hinab zur nnw. von Kazıklı gelegenen byzantinischen Burg[84]. Von Kazıklı gelangte man über İlmin (Gürçamlar)[85] und Kızılağaç (mit einem byzantinischen Wachtturm) zu einem alten, heute nicht mehr für die

---

72 Lohmann, Topographie 235.

73 Heilige Straße von Milet nach Didyma: Wiegand, Milesische Landschaft 6–13 (Inschriften); Karin B. Gödecken, Beobachtungen und Funde an der Heiligen Straße zwischen Milet und Didyma, 1984. *ZPE* 66 (1986) 217–253; P. Schneider, Zur Topographie der Heiligen Straße von Milet nach Didyma. *AA* 1987, 101–129; K. Tuchelt *et alii*, Didyma. Bericht über die Ausgrabungen 1985 und 1986 an der Heiligen Straße von Milet nach Didyma. *AA* 1989, 143–217; K. Tuchelt, Didyma-Grabung 1989. *KST* 12/2 (1990 [1991]) 95–104; Ragone, Da Mileto a Iasos 871 mit A. 1 (mit weiterer Literatur); K. Tuchelt, Branchidai – Didyma. Geschichte und Ausgrabung eines antiken Heiligtums. Mainz 1992, 35 mit Abb. 54, 40 mit Abb. 60, 43, Abb. 66, 61–64; Ruggieri, Karien 152; A. Furtwängler, *Colloquium Antaolicum* 8 (2009) 7–9.

74 Mylasa war der Ausgangspunkt von mehreren *Heiligen Straßen*: Die Straße nach Labraunda und weiter nach Alinda und Alabanda stehen wie die Straßen zum Tempel des Zeus Osogō und zum Sinyri-Heiligtum in engem Zusammenhang mit Route 3, die Straße vom Hekatē-Tempel in Lagina nach Stratonikeia sowie die Straße von Stratonikeia zum Zeus-Tempel von Panamara waren Teil der Route 4, die Straße von Bargylia zum Artemis-Tempel von Kindyē gehörte zur „Küstenstraße"; vgl. Ruggieri, Caria 58–61.

75 Philippson, Reisen V 38. Zur „Küstenstraße" zwischen Milet und Iasos vgl. Benoit – Pierobon Benoit – Ragone, Territorio a N di Iasos 870; Ragone, Da Mileto a Iasos 874f., 895, 901; Benoit – Pierobon Benoit, Territorio a N di Iasos 915, 917–918; Luther, Historical Route Network 18.

76 Plinius, Nat. hist. V 112; Mela I 85–86; Bürchner, Basilicus sinus. *RE* 3/1 (1897) 96; Barrington-Atlas, Map 61; Lohmann, Kazıklı 109.

77 An der Nordseite der Bucht *Ta Talianakia* (Wilski, Karte F–G 11) Mercimek beim Feriendorf Zonguldaklılar sitesi: Lohmann, Topographie 178f., 253, Abb. 2; Lohmann, Kazıklı 107, A. 365, 110; Lohmann, Milet und die Milesia 329, Abb. 1 (Karte des südlichen Ionien).

78 Inschriftlich genannt in Didyma: D. Feissel, Un rescrit de Justinien découvert à Didymes (1er avril 533). *Chiron* 34 (2004) 354–358; zur Lokalisierung aufgrund des archäologischen Befundes vgl. H. Lohmann, *AA* 1997, 304f., Abb. 18, 25; Lohmann, Topographie 202, 256, Abb. 5, 257, Abb. 6, 7; Lohmann, Kazıklı 66f., 107; Feisssel identifiziert Iustinianupolis mit Didyma. Zur Diskussion um die Lokalisierung vgl. auch Ph. Niewöhner, Byzantinische Steinmetzarbeiten aus dem Umland von Milet, in: Mine Kadİroğlu (Hrsg.), Anadolu ve Çevresinde ORTACAĞ 1. Ankara 2007, 8, A. 66.

79 Zur Lage der drei Orte: Lohmann, Kazıklı, Farbtafel 3.

80 Wiegand, Milesische Landschaft 1, 13; Robert, Op. min. sel. I 396–398. Byzantinische Kirche: Blümel, Iasos I, S. 1 (mit weiterer Literatur). Vgl. auch Lohmann, Kazıklı 112–113 mit weiterer Literatur.

81 Robert, Op. min. sel. I 390–397, 401; G.E. Bean, Teichiussa (Doğanbeleni). *PECS* 890f.

82 W. Voigtländer, *AST* 3 (1985) 251–255; *AST* 4 (1986) 151–156; *AA* 1986, 616ff.; *AA* 1988, 567ff.; Teichiussa. Näherung und Wirklichkeit. Rahden/Westf. 2004; Lohmann, Topographie 246f.; Lohmann, Kazıklı 115f. *et passim* mit weiterer Literatur; Lohmann, Risultati di una *survey* condotta nella penisola di Kazıklı. *La parola del passato* 60 (2005) 332–344.

83 Zur historischen Geographie dieser Passstraße vgl. Diest, Karien 267 mit Karte (Skizze des Weges Guren–Ak-bük); Bean – Cook, Carian Coast 107, Fig. 13 und die archäologische Karte der KAZIKLI-Halbinsel, Kartenbeilage in Lohmann, Kazıklı.

84 Lohmann, Kazıklı 178–180 (KAZ 52), Farbtaf. 1, Taf. 25; byzantinische Burg: Lohmann, Kazıklı 91–92, Abb. 19, 143–145, Taf. 24.

85 Vgl. Archäologische Karte der KAZIKLI-Halbinsel, Kartenbeilage in Lohmann, Kazıklı.

moderne Fahrstraße genutzten Passweg, der über die Zindan Kale nach Iasos (Kıyıkışlacık) führte[86]. Eine antike Zisterne s. der Zindan Kale gehörte wahrscheinlich zu diesem Weg[87]. Iasos mit seiner frühbyzantinischen Unterstadt und der spätbyzantinischen Gipfelfestung (meist als Johanniter-Kastell bezeichnet)[88] war zweifellos eine der wichtigsten Stationen der „Küstenstraße“, die hier auch durch einen Meilenstein (Nr. 2) bezeugt ist. Entlang der Küste kam man nach Überquerung des Kaps Zeytin Burnu an das Ufer der ehemaligen *Mikra Thalassa*[89], einer Meeresbucht mit schmalem Eingang an der Mündung des Keniōs (Sarı Çay)[90], die heute versumpft bzw. trockengelegt ist (Abb. 30)[91]. Am rechten Ufer des Sarı Çay ist noch ein wahrscheinlich antikes Straßenstück mit runden Pflastersteinen erhalten, das zu einer osmanischen Kuppelzisterne führt. Zwei weitere osmanische Zisternen liegen w. davon[92]. Am Ostufer der Meeresbucht in der Umgebung des Flughafens Milas–Bodrum lag bei Sakız Passala, der Hafen von Mylasa[93]. Der Hafen von Passala war durch eine Stichstraße mit Mylasa verbunden (→ Route 3).

Von Passala führte die Küstenstraße wie die moderne Straße Milas–Bodrum nach Bargylia, das wiederum durch einen Meilenstein (Nr. 3) als Straßenstation bezeugt ist. Die an der Südseite einer tief einschneidenden Meeresbucht gelegene Stadt am Ostrand der Feriensiedlung Boğaziçi erreichte man nur über einen heute asphaltierten Dammweg (Abb. 4)[94], der wohl auch von der Prozessionstraße zum 4 km ö. gelegenen Artemisheiligtum von Kindyē genutzt wurde[95]. In den Artemis-Tempel wurde im Mittelalter eine Kirche gebaut, er diente daher vermutlich auch als byzantinische Wallfahrtsstätte[96]. Von Kindyē gab es wohl eine Abzweigung zur Route 3 über Kildara (Kuzyaka) nach Hydissos[97].

Im Folgenden verlief die „Küstenstraße“ parallel zur heutigen Straße nach Güvercinlik[98]. Östlich des Ortes wird auf dem Güvercinlik Tepesi Karyanda lokalisiert[99], 2,5 km nördlich der Ortseinfahrt ist in den Ruinen einer frühbyzantinischen Säulenbasilika in einer Flur des Dorfes Meşelik das Fragment eines Meilensteins erhalten (Nr. 4). Die Kirche könnte zu einer Straßenstation der „Küstenstraße“ gehören. 2 oder 3 m oberhalb des Meeresspiegels wurde an der Küste des damals noch unverbauten Güvercinlik ein Stück einer antiken Straße mit Geleiserillen[100] gefunden (Straße des Maussolos von Halikarnassos nach Mylasa?)[101]. Der Bucht

---

86 DIEST, Karien 267; RAGONE, Da Mileto a Iasos 893, 895.

87 Sinus Iasius I 996, Nr. 87.

88 Überblick über Geschichte und Denkmäler der Stadt: Daniela BALDONI – C. FRANCO – P. BELLI – F. BERTI, Carian Iasos. İstanbul 2004; Ufuk SERİN, Early Christian and Byzantine Churches at Iasos in Caria. An Architectural Survey. (*Monumenti di Antichità Cristiana*, 2. Ser. 17). Città del Vaticano, 2004.

89 BLÜMEL, Iasos I 30; G. TRAINA in: Sinus Iasius I.9, 966–969.

90 TISCHLER, Hydronymie 77f.; BLÜMEL, Mylasa II 805; REGER, Mylasa 43–45.

91 Im 16. Jh. als Ağy Su/Acı Su (noch mit Verbindung zum Meer) bei P. KAHLE, Piri Re'īs 67f. bezeugt; Pîrî Reis 2, 449.

92 Carta archeologica in Sinus Iasius I.11, 996f., Nr. 92, 102, 104 (Taf. CI, CII, CIII, 1.3, CIV.2), REGER, Mylasa 45; die in der karischen Küstenregion ebenso wie in der benachbarten nordlykischen Küstenregion häufig anzutreffenden osmanischen Kuppelzisternen bezeugen meist auch antike Wege. Zu den karischen Kuppelzisternen: E. BENEDETTI, Le cisterne turche della Caria: tipologia e contesto architettonico regionale, in: Sinus Iasius I.10, 971–986.

93 Steph. Byz. 509: Πάσσαλα, Μυλασέων ἐπίνειον; Stadiasmos 501: Κεῖται κατέναντι [Ἰάσου] Πάσσαλα πηγή· ἔνθεν ἐστὶν ἀποβῆναι εἰς Μύλασα σταδ. κ΄; F. RUMSCHEID, Milas 1997. *AST* 16/2 (1998 [1999]) 175f. mit Abb. 16–17 auf S. 185f.: hellenistischer Turm unmittelbar südwestlich des neuen Flughafens Milas–Bodrum. Vgl. auch TRAINA in: Sinus Iasius I.9, 967; die im Stadiasmos genannte Quelle könnte identisch sein mit der in der Carta archeologica in Sinus Iasius I.11, 998 genannten Fundstelle 107 (Fonte di acqua dolce, con resti appena affioranti di strutture e concentrazione di frammenti ceramici sparse); REGER, Mylasa 44–46.

94 AKARCA, Milâs, Taf. 50 zeigt den alten Dammweg nach Bargylia.

95 Überblick über Geschichte und Denkmäler von Bargylia bei BEAN, Maeander 82–87; RUGGIERI, Caria 63–68, 250; E. LA ROCCA, Survey archeologica nell'area del Golfo di Mandalya (Turchia). *La parola del passato* 60 (2005) 392–412; Marina FALLA CASTELFRANCHI, Il complesso ecclesiale di Bargylia. *La parola del passato* 60 (2005) 419–464 mit 19 Abb.; REGER, Mylasa 48, Fig. 2.

96 BEAN, Maeander 82f.; RUGGIERI, Caria 68–70 (Kindya); RUGGIERI, The Carians 215.

97 BEAN–COOK, Carian Coast 99–100; PIMOUGUET-PEDARROS, Défense 222–223.

98 RUGGIERI, Caria 70f. (Funde aus byzantinischer Zeit).

99 A. ZÄH, Zur Lokalisierung von Karyanda in Karien. *ÖJh* 73 (2004) 327–338. R. DESCAT sucht hier dagegen aufgrund geographischer Hinweise in den Tributlisten des Attischen Seebundes Lepsimandos: *ZPE* 104 (1994) 61–68.

100 Heute nichts mehr erhalten. Es ist die bislang einzige Nachricht über eine Straße mit Geleiserillen in Karien.

101 BEAN – COOK, Halicarnassus Peninsula 131.

von Güvercinlik ist im Westen die große Insel Salih Adası (wahrscheinlich die Insel Karyanda) vorgelagert, im Südwesten wird sie von der kleinen, ca. 800 m langen Halbinsel Sıralık abgeschlossen. Im Segelhandbuch des Piri Reis wird diese Halbinsel Sire Bükü genannt[102].

Die Ostseite war dicht verbaut. Auf hellenistischen Ruinen entstand etwas landeinwärts eine größere frühbyzantinische Siedlung, die mit einer aus Spolien errichteten Mauer befestigt war. Am Ufer stehen – heute durch die Küstensenkung großteils unter Wasser – an einer Kaianlage noch die Ruinen von einigen gewölbten Warenhäusern. Eine Marmorplatte mit dem Fragment einer Inschrift nennt den karischen Statthalter Ualerios, vermutlich Ualerios Rinakios aus der 2. Tetrarchie (305–306), und ist wegen der Entfernungsangabe von 10 Meilen wohl als Meilenstein (Nr. 5) in einer Straßenstation zu werten[103]. Die Angabe von 10 Meilen Entfernung entspricht der Entfernung nach Halikarnassos, das demnach das eigentliche Ziel der „Küstenstraße" war. Unmittelbar am nördlichen Ansatz der durch einen Isthmos in einen Ost- und einen Westteil geteilten Halbinsel von Halikarnassos zweigte von der Direktverbindung nach Halikarnassos ein Ast der „Küstenstraße" nach Westen ab, der über Torba, Gölköy und Dağbelen nach Myndos führte. Am östlichen Ortsrand von Torba, früher Durvanda[104], Turve[105], antik vielleicht Thryanda[106], heute eine weitläufige Feriensiedlung, stehen in Strandnähe mehrere spätantike Bauten (Kirche, Mausoleum, Therme, Piscina) sowie Reste einer wegen Küstensenkung versunkenen Mole[107]. Durch ein küstenparalleles Tal führte die Straße nach Gölköy[108], früher Gülür[109], wo in den Ruinen einer Kirche ein Meilenstein gefunden wurde (Nr. 6), der aus der Zeit der 1. Tetrarchie (295–305) stammt, den Statthalter *Phulbios Astikos* nennt und 3 oder eher 10 Meilen Entfernung von Halikarnassos misst, was der tatsächlichen Entfernung entspricht. Von Gölköy gelangte man über den Pass von Dağbelen nach Myndos. In Beypınar bei Dağbelen wurde ein weiterer Meilenstein dieser Straße gefunden (Nr. 7). Auf dem oberen, mehrfach neu beschriebenen Teil, sind Constantius II. und Constans (337–350) und danach die Kaiser der 1. Tetrarchie (295–305) genannt, auf dem unteren Teil erscheint der karische Statthalter *Phlabios Iōanēs* unter Kaiser Anastasios (491–518).

Myndos, heute Gümüşlük, ist in der *Tabula Peutingeriana* als *Minde* in einer Entfernung von 56 Meilen von *Miletum* eingetragen. Diese für den Landweg zu kurze Entfernung entspricht in etwa dem Seeweg. Myndos, dessen türkischer Name Gümüşlük auf alte Silberminen deutet[110], hatte einen guten Hafen und war neben Halikarnassos die bedeutendste Stadt auf der Halbinsel von Halikarnassos. Von hier gab es eine Abzweigung von der „Küstenstraße", die über Ortakent (früher Müsgebi) und Bitez direkt nach Halikarnassos führte. Ortakent, zentral inmitten der Halbinsel gelegen, wird von einem türkischen Wohnturm auf hellenistischer Grundlage überragt[111]. Sein alter Name Müsgebi, griechisch *Episkopē*, könnte darauf hindeuten, dass es Sitz eines Bischofs war, der in unsicheren Zeiten seinen Sitz am Meer (Myndos oder Halikarnassos?) in das sicherere Landesinnere verlegte.

Von Myndos folgte die „Küstenstraße" nun tatsächlich der Küste. Vorbei an der mittelalterlichen Kadikalesi mit Spolien aus Myndos[112] folgte man der Küste, die nach dem Kap Skopias Akra (Σκοπιᾶς ἄκρα)[113], vermutlich Hüseyin Burnu in Akyarlar, aus der Nord–Südrichtung in Ost–Westrichtung schwenkte.

[102] Pîrî Reis 2, 477.

[103] BEAN – COOK, Halicarnassus Peninsula 131f.; FOSS, Strobilos 169–170; FRENCH, Catalogue 851 (Güvercinlik); RUGGIERI, Caria 59, 73f. mit Abb. II/24: gewölbtes Haus, II/25: Therme?, 118 (Inschrift des Valerios, *scil.* zum Straßenbau), 250 (Küstensenkung) *et passim* u. Karte S. 69.

[104] R. KIEPERT, Karte von Kleinasien, 1 : 400.000, Blatt Budrum $^2$1915.

[105] Pîrî Reis 2, 477: There is also a cove on the northeastern side of that cape as well and they call it Gügercinlik. To the southwest of that is a gulf that they call Turve in which drinking water is to be found.

[106] Steph. Byz. 318; *TIB* 8, *s. v.*

[107] RUGGIERI, Caria 119, 122–136, 250 (Küstensenkung); SCHEIBELREITER-GAIL, Mosaiken 383–387.

[108] BEAN – COOK, Halicarnassus Peninsula 155–160 suchen hier Karyanda; ZÄH lokalisiert dagegen Karyanda in Güvercinlik; vgl. A. 99.

[109] Pîrî Reis 2, 477.

[110] Pîrî Reis 2, 485.

[111] Ayda AREL, Bodrum Yarımadasının Ortakent (Eski Müsgebi) Köyünde Bulunan „Mustafa Paşa" Kulesi Hakkında. *AST* 6 (1988) 35–88.

[112] BEAN – COOK, Halicarnassus Peninsula 128; FOSS, Strobilos 173; RUGGIERI, Caria 85, Abb. II/46, II/47.

[113] Ptolemaios V 2, 8 (MÜLLER II 814).

Direkt gegenüber der Insel Kōs liegen Kap *litus Leuce*[114], heute Sağıralaca Burnu mit den namengebenden leuchtenden weißen Felsen[115] und Kap Termerion (ἄκρα Τερμέριον)[116], heute Kocaburun[117]; hier wendet sich die Küste nach Nordosten zu einem markanten Kap mit einem kegelförmigen Berg (Aspat), auf dem die nach ihrem Aussehen Strobilos (στρόβιλος = Pinienzapfen) genannte bedeutende byzantinische Festung mit einem kleinen Flusshafen liegt[118]. Sie steht am Eingang eines tief einschneidenden Golfes, dem entlang man nach Bitez und weiter nach Halikarnassos kam. Bitez tradiert vermutlich den Namen der nahegelegenen alten karischen (lelegischen) Stadt Pedasa und war im Mittelalter offensichtlich wie Strobilos eine bedeutende Hafenstadt. In einem spätmittelalterlichen griechischen Portulan finden wir bei der Beschreibung der Halbinsel von Halikarnassos gegenüber von Kōs die Mitteilung, bei der Straße befände sich gegenüber dem Festland eine Insel mit gutem Ankergrund, weiters gebe es bei der *Kolona* gutes Wasser und auf einer Erhebung eine Kirche; gegenüber der Insel gebe es einen für große und für kleine Schiffe gut geeigneten Hafen namens *Pittazi*[119]. Die genannte Insel (νησί) kann nur die in der Mitte des Golfes von Bitez gelegene Çelebi Adası sein. Kolona ist sicher Strobilos und Bitez selbst erscheint als Pittazi mit einem guten Hafen für große und kleine Schiffe. Im Portulan Rizo (1490) ist der *golfo del Pitasso*[120] genannt. Evliya Çelebi (17. Jh.) schiffte sich, von Bodrum kommend, in Vitez ein, um vorbei an Aspat (Strobilos) nach Kōs zu segeln[121]. Bitez, heute eine ausgedehnte Ferienlandschaft, hatte also früher als Hafen, ursprünglich wohl für Pedasa, große Bedeutung.

Halikarnassos (Bodrum) war ein zentraler Punkt der „Küstenstraße" (Meilenstein Nr. 8). Diese verlief im weiteren Verlauf nach Keramos zunächst gemeinsam mit der Route 3 in nö. Richtung bis Yokuşbaşı (Meilenstein Nr. 14.1. und 14.2.). Hier bog sie bis Kızılağaç noch immer der Route 3 folgend, gut bezeugt durch zahlreiche osmanische Kuppelzisternen, in sö. Richtung ab und erreichte durch das Gerenkuyu Deresi die Küste bei Çiftlik Yalı. Hier liegt etwa 500 m von der Küste entfernt, teils am östlichen Berghang, teils im Schwemmsand an der Stelle eines früheren Campingplatzes in Kamp Yeri eine spätantike Siedlung, von der noch eine Therme mit einem Leopardenmosaik erhalten ist[122]. Hier verließ die „Küstenstraße" sogleich wieder die Küste in ein küstenparalleles Tal mit mehreren osmanischen Kuppelzisternen nach Osten. In Çoçukmezarlığı (türk. „Kinderfriedhof") mit einem weithin sichtbaren Minarett neben einem kleinen Grabraum zweigte eine Straße nach Süden zur Hafensiedlung Alakilise (Alakışla, Kisebükü) ab, wo unterhalb einer antiken Akropolis am Strand vor allem Bauten aus frühbyzantinischer Zeit erhalten sind[123]. Hier wird das in den Konzilsakten 553 erwähnte Bistum Anastasiupolis vermutet[124].

Von Çoçukmezarlığı erreicht man, vorbei an einer markanten Zisterne[125], Yukarı Mazı. Etwa 3,5 km vor Yukarı Mazı schneidet die moderne Straße von Mumcular nach Keramos die gepflasterte antike Straße, de-

---

114 Mela I 85.

115 Bean – Cook, Halicarnassus Peninsula 162 und Karte S. 86.

116 Strabōn 657.

117 Bean – Cook, Halicarnassus Peninsula 162 und Karte S. 86.

118 Foss, Strobilos.

119 ... καὶ εἰς αὐτὴν τὴν στράταν εἰς τὴν στερέα εὑρίσκεις ἕνα νησὶ καὶ εἰς τὴν μέσα του μερίαν ἔχει <κα>λὸ ῥάξιμο· καὶ ῥάζης τὰ σίδερά σου εἰς τὴν στερέα καὶ πιάνης εἰς τὸ νησί. εἰς τὴ Κολόνα ἔχει καὶ καλὸ νερὸ καὶ ἀπάνω εἰς τὴ τροῦλα ἔχει ἐκκλησία. καὶ ἀπὸ τὴν μία μερέα <ἔναι> καθάριο καὶ ἀπὸ τὴν ἄλλη. καὶ ἀντίπερα τοῦ νησίου ἔχει καλὸ λιμιόνα καὶ λέγου<ν> το Πιττάζι καὶ εἶναι πολλὰ καλὸς καὶ διὰ μεγάλα ξύλα καὶ διὰ μικρά, Delatte, Port. 248.

120 Kretschmer, Port. 522.

121 Wittek, Mentesche 172.

122 Ruggieri – Giordano – Zäh, Alicarnasso 144, A. 41, Abb. 24 (Mosaik); Ruggieri, Caria 79; B. Collins – A. Zäh, Byzantinische Thermen in Karien: Eine frühbyzantinische Thermenanlage im unteren Gerekuyu Dere bei Bodrum. *Quaderni Friulani di Archeologia* 16 (2006) 291–307; A. Zäh, Vorläufiger Bericht über archäologische Beobachtungen auf Reisen an der karischen Küste und im lykaonisch-isaurischen Grenzgebiet. *Anzeiger phil.-hist. Kl. der ÖAW* 144/1 (2009) 17–19; Scheibelreiter-Gail, Mosaiken 269f.

123 Ruggieri, Keramos 153–223, 367–369; A. Zäh, Anastasioúpolis? Der Ruinenort in der Bucht von Ala Kilise in Karien – Eine spätantike Hafenstadt. *Antike Welt* 34 (2003), Heft 1, 43–48; Zäh, Typologie 56–59, 78–83; Scheibelreiter-Gail, Mosaiken 192–193.

124 *ACO* IV 1, 277; Ruggieri, Caria 49.

125 Ruggieri, Keramos 36.

ren Trasse nach einem Waldbrand sichtbar war (Breite ca. 4 m, Abb. 5). In Yukarı Mazı (ebenfalls mit markanter osmanischer Zisterne) zweigte eine weitere Stichstraße von der „Küstenstraße" nach Süden ab. Auch hier ist die ca. 4 m breite gepflasterte antike Trasse erhalten, die nach Aşağı Mazı führt (Abb. 6, 7). Aus Aşağı Mazı stammt vermutlich ein Meilenstein (Nr. 9), der 7 Meilen Entfernung von Bargasa (?) zählt. An der sö. von Aşağı Mazı gelegenen Hurma-Bucht lag eine römisch-byzantinische Hafensiedlung, von der noch Reste von gewölbten Magazinen sowie einer auf antiken Fundamenten erbauten dreischiffigen Basilika (heute wegen der Küstensenkung zum Teil unter Wasser) erhalten sind[126]. Das Fragment einer Inschrift nennt nicht Kaiser Anastasios[127] sondern Carus und seine beiden Söhne Numerianus und Carinus (Anfang 283)[128].

Von Yukarı Mazı führte die „Küstenstraße" bergab zur Küste und erreichte zunächst Gökbel/Bargasa[129]. Weiter bergab ist in der Schlucht, die nach Çökertme führt, noch ein Stück eines alten gepflasterten Weges zu sehen (Abb. 8). Die Hafensiedlung von Çökertme mit einer monumentalen Thermenanlage[130] war mit einer Stichstraße angebunden. Bei Kayaönü (Mazgirt, Mezgit), nö. von Çökertme ist wieder ein längeres Stück der antiken Trasse (Breite zwischen 1,90 und 3,10 m) erhalten[131], weiter östlich wurde in Türkevleri das Fragment eines Meilensteines gefunden (Nr. 10). Nw. von Türkevleri lag auf dem Dikmen Dağı die Stadt Uranion[132]. Im Folgenden verlief die Straße entlang der Küste nach Keramos/Ören. Unmittelbar vor dem Eingang in das Dorf Ören sah man vor der Flussregulierung die Reste einer 50 m langen und 7 m breiten antiken Brücke über den Kocaçay, von der noch Bauteile im Flussbett lagen[133].

Keramos[134], namengebend für den Kerameios, Keram(e)ikos Kolpos[135], war ein zentraler Punkt der „Küstenstraße". In hellenistischer Zeit hatte die Stadt etwa 5000 Einwohner[136]. Hier mündete auch eine durch die Meilensteine von Sekköy (Nr. 15.1.–15.5.) gut bezeugte Verbindung mit Mylasa ein.

Die „Küstenstraße" verließ in Keramos wieder die Küste und folgte zunächst dem Tal des Kocaçay, südlich begleitet von den Bögen des Aquädukts nach Keramos (Abb. 9)[137]. Etwa 7 km ö. von Keramos steht an der Einmündung des Kanlı deresi die kleine byzantinische Festung Küçük Asar[138], 3 km vor Alatepe ist s. der modernen Straße eine alte Pflasterstraße erhalten (Abb. 10). Die „Küstenstraße" verließ bei Küçük Asar vermutlich das Tal des Kocaçay und verlief wie die heutige Straße über Alatepe und Kultak weiter nach Osten und erreichte das Kocaçay-Tal wieder bei der byzantinischen Festung von Datçağız, die sich auf einem Felssporn am Nordufer des Kocaçay erhebt[139]. Etwa 20 Minuten w. von Datçağız lag in Çandüşüren vermutlich Pladasa[140].

Das östliche Ende des Kerameikos Kolpos erreicht man heute sehr rasch, indem man bald nach Datçağız die durch das Hochland führende Straße nach Muğla verläßt und an die Küste nach Akbük[141] abbiegt. Akbük war vermutlich der Hafen von Pladasa[142]. In einem Vertrag zwischen Pladasa und Pisyē wird der Bau von

---

126 RUGGIERI, Keramos 35f., 237–241.

127 V. RUGGIERI, *AST* 15/1 (1997 [1998]) 204, A.7.

128 Mitteilung von R. DESCAT, E-Mail 28. März 2010.

129 BÜRCHNER, Bargasa. *RE* 3/1 (1897) 14; G. E. BEAN, Bargasa or Pargasa. *PECS* 143.

130 RUGGIERI, Keramos 229–237.

131 RUGGIERI, Keramos 34f.

132 E. VARİNLİOĞLU – A. BRESSON – P. BRUN – P. DEBORD – R. DESCAT; Ouranion en Carie. *REA* 94 (1992) 155–174.

133 E. VARİNLİOĞLU, *Türk Arkeoloji Dergisi* 26,1 (1982) 66–68, Taf. XXVIII,1; VARİNLİOĞLU, Keramos 2; SPANU, Keramos 61, A. 2; RUGGIERI, Keramos 31.

134 M. SPANU, Keramos di Caria. Storia e monumenti. Roma 1997; RUGGIERI, Keramos.

135 BÜRCHNER, Κεράμειος ὁ. *RE* 11/1 (1921) 254. Kerameikos Kolpos bei Kōnst. Porph., De them. 78, 8f., Kereme Körfezi bei Pirî Reis 2, 499ff. und Kerme Körfezi in der TK Marmaris; RUGGIERI, Keramos 37. Heute Gökova Körfezi.

136 R. MERKELBACH – E. VARİNLİOĞLU, Die Einwohnerzahl von Keramos. *ZPE* 59 (1985) 264.

137 SPANU, Keramos 175–182; RUGGIERI, Keramos 250f.

138 RUGGIERI, Keramos 251f.

139 RUGGIERI, Keramos 252f.; DEBORD – VARİNLİOĞLU, Carie 52.

140 E. VARİNLIOGLU – A. BRESSON – P. BRUN – P. DEBORD – R. DESCAT, Une inscription de Pladasa en Carie. *REA* 92 (1990) 59–78; DEBORD – VARİNLIOGLU, Carie *passim*.

141 DEBORD – VARİNLIOGLU, Carie 55–57; RUGGIERI, Keramos 33, 253f.

142 PIMOUGUET-PEDARROS, Défense 302.

Schiffswerften (τῶν νεωρίων κατασκευή) erwähnt, die demnach wohl in Akbük gebaut wurden[143]. Von Akbük führt eine neu ausgebaute Straße (2008 noch nicht asphaltiert) entlang der Küste nach Akyaka am Ende des Golfes. Da an dieser Strecke auch einige antike Siedlungen liegen, verlief die karische „Küstenstraße" von Keramos nach Idyma hier wohl tatsächlich an der Küste des hier steil abfallenden Kıran Dağı oder im Tal dahinter[144]. Etwa 5 km ö. von Akbük steht die hellenistische Festung von Kıransahili Asarlık[145], 10 km weiter sind in Hayıtlı neben einer befestigten Ufersiedlung mit Nekropole in einem Tal des Kıran Dağı die Ruinen einer bedeutenden altkarischen Siedlung erhalten[146]. Sw. von Akyaka lag etwa 1 km ö. von Gökova İskelesi der alte Hafen (Eski İskele) von Gökova mit Ruinen aus römischer und byzantinischer Zeit. Eine Basilika mit drei Apsiden könnte dem Hagios Kosmas geweiht gewesen sein, dessen Namen der Kerameikos Kolpos (Golf von Gökova) im Mittelalter trug (κόρφος τοῦ Ἁγίου Κοσμᾶ), die Eski İskele selbst hieß Kioba (τὰ Κιόβα τὸ λέσι) [147]. Evliya Çelebi nennt 50 Meilen ö. von Gereme (Keramos) die verfallene Burg von Gökova mit einem Hafen von Bedeutung (die Eski İskele)[148]. Mit der verfallenen Burg ist die byzantinische Festung von İnişdibi (Abb. 11)[149] am östlichen Ende des Golfes gemeint. Unterhalb der byzantinischen Festung von İnişdibi wurden Reste von zwei alten Brücken und einer Pflasterstraße nach Marmaris notiert[150]. Auf diese Brücken könnte sich eine Inschrift zum Straßen- und Brückenbau in Gökova beziehen[151]. Nördlich von Gökova lag oberhalb von Kozlukuyu die antike *Polis* Idyma[152]. Die befestigte Stadt an der Passstraße des Sakar Geçidi von Karien nach Lykien[153] wird bei Hieroklēs nicht mehr genannt und wurde auch nicht Bistum. Konstantin Porphyrogennētos verzeichnet noch im 10. Jh. in Reminiszenz an die alte Stadt Idyma den *Kolpos Oidimos* und meint damit wohl ebenfalls den von ihm bereits zuvor genannten Kerameikos Kolpos[154].

Bedeutender als die Straße entlang der Küste war sicher die Straße, die aus dem Kocaçay-Tal nach Sarnıç (Kyllandos?)[155] und Thēra (Yerkesik)[156] führte, von wo sie über Ula und den Sakar Geçidi in zahlreichen Serpentinen zwischen Idyma und der İnişdibi Kalesi den Kerameikos Kolpos erreichte. In Thēra traf sie auf die die zentrale Nord–Süd-Verbindung Kariens durch das Marsyas-Tal (Route 4).

In Gökova zweigte von der „Küstenstraße", die weiter nach Physkos (Marmaris), in die karische Chersones und nach Kaunos führte, eine Verbindung nach Kallipolis ab, wo sie ebenfalls auf die Route 4 stieß. Kallipolis lag trotz gegenteiliger Meinung[157] wohl auf dem Hügel Asar nördlich von Kızılyaka, 4 km w. von Karabörtlen[158].

Die Straße von Gökova nach Marmaris wurde von Sultan Sulaiman 1522 bei seinem Zug nach Rhodos mit Pflaster und Brücken ausgestattet[159], wohl auf der Trasse der alten „Küstenstraße". Zu dieser Straße gehört auch der 9 km vor Marmaris gelegene Taşhan und der Han (aus dem Jahre 1545) in Marmaris selbst. Stichstraßen führten durch das Tal des Gelibolu Çayı nach Kallipolis (Gelibolu), dem offensichtlich gleichnamigen Hafen der landeinwärts gelegenen Stadt und nach Kedreai (Sedir Adası)[160], sowie vom Taşhan nach

[143] Debord – Varinlioglu, Carie 95, 103.
[144] Vgl. die Karte bei Debord – Varinlioğlu, Carie 19.
[145] Debord – Varinlioğlu, Carie 64–66.
[146] P. Roos, *Ist. Mitt.* 25 (1975) 340f.; Debord – Varinlioğlu, Carie 66–68; Roos, Survey 33–34.
[147] Delatte, Port. 248; vgl. auch Zäh, Typologie 57, der H. Kosmas in Alakışla (Anastasiupolis?) vermutet.
[148] Wittek, Mentesche 167.
[149] Guidi, Viaggio 369f. (byzantinische Festung).
[150] Bean – Cook, Carian Coast 72; Newton, Halicarnassus II 625.
[151] Blümel, Rhod. Peraia 601; Debord – Varinlioğlu, Carie 195–198, Nr. 69.
[152] Bean – Cook, Carian Coast 69–72; Robert, Études anatoliennes 472–490; G. E. Bean, Idyma. *PECS* 405; Roos, Survey 44–57.
[153] Pimouguet-Pedarros, Défense 180 *et passim*.
[154] Kōnst. Porph., De them. 78.
[155] Debord – Varinlioglu, Carie 57–64.
[156] Descat, Forteresses 205–207.
[157] Robert, Études anatoliennes 491–500.
[158] Zur Lokalisierung von Kallipolis s. u. A. 385.
[159] Wittek, Mentesche 172; vgl. auch Newton, Halicarnassus II 625: Ruinen einer alten Brücke auf dem Weg nach Marmaris über den *Gheli Bourla river* (Gelibolu Çayı) und *„ancient paved road"* durch die Schwemmlandebene nach *Djova* (Gökova).
[160] Bean – Cook, Carian Coast 64f.; Bean, Maeander 156f.; G. E. Bean, Kedreai. *PECS* 444f.; Pimouguet, Pérée 253f.

Amnistos (bei Söğüt)[161]; w. der Straße befinden sich dazwischen auf dem Gipfel Altınsivrisi die Ruinen von Euthenai[162].

Physkos lag auf dem Asar Tepe, 2 km n. von Marmaris[163]. In Physkos gabelte sich die „Küstenstraße“ in einen Ast, der weitgehend entlang der Küste weiter nach Kaunos führte[164] und einen Ast entlang der Küsten der dreiteiligen karischen Chersones (Halbinseln von Knidos, Bybassos sowie die Halbinsel Tracheia, Abb. 12)[165] nach Knidos und wieder zurück nach Physkos. Auf diesem erreichte man zunächst nördlich von Bybassos den gleichnamigen Golf und diesem entlang über Emecik[166], Datça/Stadia[167] und von dort durch das Innere der Halbinsel Knidos[168]. In Çeşmeköy, 8 km ö. von Knidos, ist noch eine Brücke dieser Straße aus der Zeit des frühen Hellenismus weitgehend erhalten[169]. Wenn man vor dem Ansatz der Knidischen Halbinsel nach Süden abbog, gelangte man über Bybassos (Kale am Strand bei Hisarönü)[170], Aulai (Orhaniye)[171], Hygassos (ö. von Turgut, früher Pedalo)[172], Hydas (Selimiye, früher Losta)[173] nach Tymnos (bei Bozburun) im Zentrum der Halbinsel von Bybassos[174]. Von dort erreichte man entlang des *Thymnias Sinus*[175] Thyssanus (früher Saranda, heute Ortaca)[176], wo man die Küste verlassen musste, um ins Innere der nun beginnenden Halbinsel Tracheia aufzusteigen. Über Phoinix (früher Fenaket, heute Taşlıca)[177] erreichte man zunächst Kasara (Asardibi) im Kislan Dere, wo aus Tempelspolien eine in mittelbyzantinischer Zeit verkleinerte byzantinische Kirche gebaut wurde[178]. Dort zweigte eine Straße nach Krēssa Limēn[179] (portus Cressa, im Mittelalter *anconitan*, Hafen der Anconitaner, heute Serçe Limanı)[180] von der Straße nach Lōryma ab, die vermutlich über Kıran Gölü mit lokalem Heiligtum, Theater und Dēmētrios-Kirche führte[181]. Lōryma (heute Bozuk oder Oplasikabükü, im Mittelalter *malfetan*, Hafen der Amalfitaner)[182] lag im Inneren einer etwa 1,5 km tiefen Bucht, auf der Spitze des Kaps im Süden der Stadt befindet sich die hellenistische Hafenfestung (Bozukkalesi), dazwischen liegen Nekropole, ein Apollon-Heiligtum, 6 Schiffshäuser und ein Arsenal

---

161 BEAN – COOK, Carian Coast 61, 75, Nr. 2; BEAN, Maeander 157; G. E. BEAN, Söğüt. *PECS* 848; BLÜMEL, Rhod. Peraia 581; PIMOUGUET-PÉDARROS, Défense 393–395.

162 BEAN – COOK, Carian Coast 62–64; BEAN, Maeander 157; G. E. BEAN, Altınsivrisi („Euthena“). *PECS* 46; BLÜMEL, Rhod. Peraia 591; PIMOUGUET, Pérée 252f.; PIMOUGUET-PEDARROS, Défense 395f.

163 E. MEYER, Physkos 3). *RE* S 11 (1968) 1090f.; G. E. BEAN, *PECS* 710; PIMOUGUET, Pérée 251; PIMOUGUET-PEDARROS, Défense 392f.

164 *TIB* 8, 250.

165 BÜRCHNER, 13) Ἡ Χερσόνησος Καρίας. *RE* 3/2 (1899) 2253; 14) Ἡ Χερσόνησος τραχεῖα. *RE* 3/2 (1899) 2253f.; HILD, Stadia und Tracheia 234.

166 N. TUNA et alii, *KST* 29/1 (2007 [2008]) 141–154 (Apollo-Tempel mit aus Spolien erbauter Kirche); D. BERGES, Knidos. Beiträge zur Geschichte der archaischen Stadt. Mainz 2006, 74. Am Strand von Emecik liegt in Karaincir auf einer Felsspitze (heute in einer Feriensiedlung) eine kleine Festung: Kiliseli bei Evliya Çelebi: WITTEK, Mentesche 172.

167 Vgl. HILD, Stadia und Tracheia.

168 Zur Topographie der Knidischen Halbinsel vgl. nun auch BRESSON, Cnide.

169 MAIURI, Viaggio 397 mit Abb. 4 auf S. 399; BEAN – COOK, Cnidia 180f., Taf. 38 d.

170 G. E. BEAN, Bybassos (Hisarönü). *PECS* 176. W. HELD – G. CANKARDAŞ ŞENOL – A. K. ŞENOL, 2005 Yılı Bybassos Araştırması. *AST* 24/1 (2006 [2007]) 37–50; DIESS., 2006 Yılı Bybassos Araştırması. *AST* 25/1 (2007 [2008]) 365–380; DIESS., 2008 Yılı Bybassos Araştırması. *AST* 28/3 (2010 [2011] 325–340.; DIESS., 2009 Yılı Bybassos Araştırması. *AST* 29/3 (2011 [2012] 183–200.

171 BLÜMEL, Rhod. Peraia 471.

172 R. S. CARTER, The Site on Losta Bay. *Ist. Mitt.* 32 (1982) 174f.; PIMOUGUET, Pérée 249; FOSS, Turkish Attack 168–170 mit Abb. 17–21.

173 BLÜMEL, Rhod. Peraia S. 75; PIMOUGUET, Pérée 248f.

174 G. E. BEAN, Tymnos (Bozburun). *PECS* 943; BLÜMEL, Rhod. Peraia S. 63–73; RUGGIERI, Rilievi 350, Nr. 14 (Bozburun kalé).

175 Plinius, Nat. hist. V 104; Mela 1, 84.

176 W. RUGE, Thyssanus. *RE* 6A/1 (1936) 755f.; FRASER – BEAN, Peraea 34–38, Nr. 23; G. E. BEAN, Thyssanous (Saranda). *PECS* 920; PIMOUGUET, Pérée 248.

177 W. RUGE, Phoinix 14). *RE* 20/1 (1941) 426–428; G. E. BEAN, Phoinix (Fenaket). *PECS* 708; PIMOUGUET, Pérée 247.

178 G. E. BEAN, Kasara. *PECS* 439; RUGGIERI, Rilievi 78f. mit A. 9, 356–358, Nr. 22, 23 (Asar Kale); BLÜMEL, Rhod. Peraia S. 21–27 (Asardibi); HILD, Stadia und Tracheia 239.

179 Ein Stück dieser alten Pflasterstraße, die große Ähnlichkeit mit der Straße von Yukarı Mazı nach Aşağı Mazı (vgl. Abb. 6, 7) aufweist, ist abgebildet bei G. HENKE, Wanderungen in der Westtürkei. München 1994, S. 20.

180 Ptolemaios V 2, 8 (MÜLLER II 815); Plinius, Nat. hist. V 104; FRASER – BEAN, Peraea 58f.; HILD, Stadia und Tracheia 239.

181 Zuletzt T. SANER – Z. KUBAN, Kıran Gölü Kutsal Alanı 2003. *AST* 22/2 (2004 [2005]) 129–136.

182 HILD, Stadia und Tracheia 238f.

sowie 8 Kirchen aus frühbyzantinischer Zeit[183]. Die antike, heute nur noch als Pfad nachweisbare Verbindung mit dem Hinterland ist für diese bedeutende Siedlung, die als einzige zwischen Knidos und Kaunos in der *Tabula Peutingeriana* aufscheint, wohl vorauszusetzen. Entschieden zurückgewiesen werden müssen jedoch die Identifizierungen mit dem Bistum Laryma = Hyllarima der *Notitiae episcopatuum*[184] bzw. dem 1195 urkundlich bezeugten *Katepanikion* Larymos (ebenfalls Hyllarima)[185].

Zurück über Phoinix in das Innere der Tracheia, wo die heutige Fahrstraße wohl weitgehend der alten Straße folgte (Abb. 13), kam man über Syrna (Bayır)[186] nach İçmeler (früher Gölenye) an die südliche Küste der Halbinsel. Nach Inschriften für einen Apollon Samnaios, die bei Gölenye bzw. in Amos gefunden wurden[187], könnte İçmeler/Gölenye mit Samos identifiziert werden, das im Stadiasmus Maris Magni zwischen der Insel Ropusa und dem Kap Poseidion erwähnt wird[188]. Von İçmeler sind es nur 6 km entlang der Küste nach Marmaris, dem Hafen von Physkos. Von dort führte die „Küstenstraße" über Markianē (bei Hieroklēs als Markianupolis noch zu Karien gehörig)[189] weiter nach Kaunos und nach Lykien[190].

## Route 2. Die Straße an der Südseite des Mäandertales von Milet nach Antiocheia, Karura und Laodikeia in Phrygien

Diese Straße am Südufer des Mäander ist zwar weder durch Meilensteine, Itinerare, Brücken oder Straßenreste bezeugt, kann aber dennoch vorausgesetzt werden, da sie über Antiocheia die direkte Verbindung von der Küstenmetropole Milet zur Binnenmetropole Aphrodisias herstellte. An ihr lagen auch zwei Städte, Euippē und das Bistum Orthōsias, die miteinander verbunden werden mussten. Es handelt sich dennoch um eine regionale Verbindung und nicht um eine Fernstraße wie die auch durch Meilensteine gut bezeugte Route am nördlichen Ufer des Mäander[191]. Sie hatte gegenüber dieser den Nachteil, dass zwei Flüsse, der Marsyas und der Harpasos, überquert werden mussten[192]. Es fehlte jedoch die Möglichkeit, auf das Nordufer des Flusses zu wechseln, da es bis Antiocheia keine Brücke gab. In Antiocheia schließlich traf die Südroute mit der Nordroute zusammen, die hier den Mäander überquerte und weiter über Karura nach Laodikeia verlief. In Antiocheia zweigte die ebenfalls durch Meilensteine gut bezeugte Fernstraße ab (Route 6), die durch das Tal des Morsynos (Dandalas) nach Aphrodisias in das karische Hochland und weiter nach Lykien und Pamphylien führte.

Die Dichte an Festungen und Verkehrswegen ist hier auf die bewegte Geschichte nach der Schlacht von Mantzikert (1071) zurückzuführen. Damals fielen die Seldschuken und türkische Stämme auch in das Mäandertal ein und bedrohten diese wichtige Verkehrsader. 1079 wurden zum ersten Mal die Klöster auf dem Latros überfallen[193]. Schon 1119 kämpfte Iōannēs II. Komnēnos gegen türkische Nomadenstämme im Mä-

---

183 PIMOUGUET, Pérée 244–246; W. HELD mit Beiträgen von A. BERGER und A. HERDA, Loryma in Karien. Vorbericht über die Kampagnen 1995 und 1998. *Ist. Mitt.* 49 (1999) 159–196; W. HELD, Loryma, in: W. RADT (Hrsg.), Stadtgrabungen und Stadtforschung im westlichen Kleinasien – Geplantes und Erreichtes – Internationales Symposion 6./7. August 2004 in Bergama (Türkei). *Byzas* 3 (2006) 187–198; W. HELD, Die Heiligtümer und Kulte von Loryma, in: Hellenistic Karia 355–377.

184 So A. BERGER bei HELD (A. 183) 192.

185 So M. ANGOLD, A Byzantine Government in Exile. Government and Society under the Laskarids of Nicaea 1204–1261. Oxford 1975, 248f. zu *MM* IV (1871) 320 (GASTGEBER – KRESTEN Nr. 11). – Demnach ist auch das katholische Titularbistum Lorima nicht auf Lōryma zu beziehen, sondern auf Hyllarima.

186 G. E. BEAN, Syrna. *PECS* 874; BLÜMEL, Rhod. Peraia S. 87–92.

187 BLÜMEL, Rhod. Peraia 358, 401.

188 *GGM* I 495f.;...· ἀπὸ δὲ Ῥοπούσης εἰς Σάμον στάδιοι ρʹ (100). Ἀπὸ τῆς Σάμου ἐπὶ [τὸ] Ποσείδιον στάδιοι ξʹ. (60). Ropusa ist verschrieben anstatt Rodussa, heute Yılancıkadası, 15 km sö. von Marmaris (vgl. *TIB* 8, 826f.), Kap Poseidion ist Kap Kadırga Burnu, 14 km s. von Marmaris (vgl. HILD, Stadia und Tracheia 241f. mit Abb. 1 auf S. 233). Physkos mit seinem Hafen in Marmaris wird hier nicht erwähnt, wohl aber an anderer Stelle (S. 496) mit seiner Entfernung von Rhodos.

189 *TIB* 8, 713f.

190 Zum Straßenverlauf von Physkos nach Kaunos vgl. *TIB* 8, 249–251.

191 FRENCH, Catalogue 198–200, 202–204, 472.

192 Vgl. PHILIPPSON, Reisen V 37f. und NOLLÉ, Brücke 29.

193 *MM* VI 16–19; VRYONIS, Decline 151.

andertal[194]. 1147 bedrohten die Türken, die sich auf beiden Seiten des Mäandertales aufhielten, die Kreuzfahrer des Zweiten Kreuzzuges[195]. Mit der Niederlage in der Schlacht von Myriokephalon 1176 scheiterte der Versuch der Byzantiner, Kleinasien zurückzuerobern[196]. Es folgte 1177 der Einfall einer von Sultan Qılığ Arslan II entsandten Armee unter Atabeg (angeblich 24.000 Mann) in das Mäandertal bis zur Küste[197]. Die Mäanderbrücke bei den *polichnia* Hyelios und Leimmocheir, wo die Türken von den Byzantinern angegriffen wurden, ist wohl auf die Mäanderbrücke von Antiocheia zu beziehen[198]. Auch die Klöster auf dem Latros und Melanudion wurden wieder zerstört. Kaiser Isaak Angelos II. half beim Wiederaufbau der Klöster nach der Zerstörung durch die Türken[199]. Nach dem Tod von Qılığ Arslan II. 1192 fiel Pseudoalexios mit Turkmenen in das Mäandertal ein[200]. Sultan Ġiyāṯaddīn Kaiḫusrau drang 1197 in das untere Mäandertal ein und plünderte Tantalos und Karia (Staurupolis)[201]. 1201 rebellierte ein Michaēl, Steuereintreiber (φορολόγος) in Mylasa, der mit Hilfe des Sultans Ruknaddīn das Mäandertal verwüstete[202]. 1206 erhielt Manuēl Maurozōmēs von seinem Schwiegervater Ġiyāṯaddīn Kaiḫusrau, Sultan zum zweiten Mal, ein eigenes Herrschaftsgebiet um Laodikeia und Chōnai am Eingang in das Mäandertal; wie lange er sich dort halten konnte, wissen wir nicht[203]. In der Laskaridenzeit kam es zur Wiederbelebung der byzantinischen Herrschaft in Westkleinasien[204]. Nach einer Schlacht bei Antiocheia am Maeander 1211 (oder 1212) schloss Theodōros I. Laskaris mit Ġiyāṯaddīns Nachfolger, Kaikā'ūs I., ein umfassendes Friedensabkommen, das dem Nizänischen Reich für längere Zeit einigermaßen friedliche Verhältnisse an seinen Ostgrenzen sicherte[205]. Despotēs Iōannēs Palaiologos, Bruder Kaiser Michaels VIII.[206], konnte 1264 das bereits von den Turkmenen besetzte Mäander-Gebiet mit seinen berühmten Klöstern (Latros) befreien[207]; als Iōannēs Palaiologos 1267 abzog fiel ganz Karien wieder in die Hände der Türken. Der Ahnherr der Dynastie der Menteşe Oğulları in Karien, Mantachias Salpakis (Μανταχίας Σάλπακις), eroberte 1284 auch Tralleis/Aydın im Mäandertal[208], das später Sitz eines eigenen Emirates werden sollte[209]. Aufgrund seines Beinamens *Salpakis* war er vermutlich Sahilbeg, das heißt Herr der Küste[210]. Er gründete seine Herrschaft *Mandachia* im Golf von Makrē (Golf von Fethiye)[211] als *Turquenodomar* (= *Turqmeno de mar*, also Turkmene des Meeres)[212]. So begann er seine Eroberungen in Karien von der See her. 1294 gelang Alexios Philanthrōpēnos kurzfristig die Rückeroberung

194 *TIB* 7, 111; VRYONIS, Decline 147.

195 Odo von Deuil 109–111; VRYONIS, Decline 121, 184.

196 VRYONIS, Decline 125.

197 *TIB* 7, 119; VRYONIS, Decline 126, 147, 151.

198 S. u. A. 240.

199 VRYONIS, Decline 128, 151.

200 VRYONIS, Decline 128f; *TIB* 7, 122.

201 VRYONIS, Decline 129, 155, 184; *TIB* 7, 123.

202 VRYONIS, Decline 130, 218; Nik. Chōn. 529.

203 VRYONIS, Decline 131, 147, 190 A., 227, 230 A., 232 u. A., 234 u. A.; J. HOFFMANN, Rudimente von Territorialstaaten im Byzantinischen Reich (1071–1210) (*Miscellanea Byzantina Monacensia* 17). München 1974, 61–63 *et passim*; A. KAZHDAN, *ODB* 2 (1991) 1319f.; *TIB* 7, 124; Sophie METIVIER, Les Maurozômai, Byzance et le sultanat de Rum. Note sur le sceau de Jean Comnène Maurozômès. *REB* 67 (2009) 197–207, S. 209f. zum Mäandertal.

204 VRYONIS, Decline 218f.

205 DÖLGER, Reg.$^2$ 1682. Zum Datum 1212 vgl. F. VAN TRICHT, La politique étrangère de l'empire de Constantinople, de 1210 à 1216. Sa position en Méditerranée orientale: problèmes de chronologie et d'interprétation, I. *Le Moyen Âge* 107/2 (2001) 221–227.

206 *PLP* 21487.

207 Vgl. dazu auch Efi RAGIA, Les Turcs en Asie Mineure occidentale et la bataille de Mylasa: 1079/1080 ou 1264? *REB* 63 (2005) 217–224.

208 Georges Pachymérès, Relations historiques, édition, introduction et notes par A. FAILLER, traduction française par V. LAURENT II (*CFHB* 24/2). Paris 1984, 597; WITTEK, Mentesche 26f.; E. A. ZACHARIADOU, Menteşe Oğulları. *LexMA* 6 (1993) 530f.; F. HILD, Tralles. *LexMA* 8 (1997) 934.

209 P. LEMERLE, L'émirat d'Aydin. Byzance et l'Occident. Recherches sur „La geste d'Umur Pacha" (*Bibl. Byz., Ét.* 2). Paris 1957.

210 WITTEK, Mentesche 29f.; *PLP* 16767.

211 *TIB* 8, *s. vv.* Glaukos Kolpos und Makrē.

212 Marino Sanudo Torcello, Istoria del Regno di Romania, in: Chroniques gréco-romanes inédites ou peu connues, ed. Ch. HOPF. Berlin 1873, 145; WITTEK, Mentesche 47f.; E. A. ZACHARIADOU, Trade and Crusade. Venetian Crete and the Emirates of Menteshe and Aydin (1300–1415). Venedig 1983, 105f.; H. İNALCIK, The Rise of the Turcoman Maritime Principalities in Anatolia, Byzantium, and Crusades. *Byzantinische Forschungen* 9 (1985) 182f.; *TIB* 8, 135.

der Region von Milet[213]. Zu Beginn des 14. Jhs. war das ganze Mäandergebiet in türkischer Hand[214]. Entlang oder im Hinterland der Straße am südlichen Ufer des Mäander wurden im 12. und 13. Jh. zahlreiche Festungen gebaut oder renoviert. Ein Zentrum der Festungskette von Milet bis Myus war die Kadikalesi an der Straße nach Mylasa (Route 3)[215]. Auch an den Ufern des ehemaligen Latmischen Golfes, der nun als Milēsia Limnē zum Binnensee geworden war (heute Bafa Gölü), wurden zahlreiche Festungen gebaut, so etwa Melanudion (Hērakleia am Latmos); die Klöster am Latmos wurden ebenfalls befestigt[216]. Östlich von Myus folgten die zwei Burgen bei Nalbantlar[217], das befestigte Turmgehöft in Koçarlı, die Cincin Kalesi, ein spätbyzantinischer Wachtturm in Dereköy w. von Dalama (Euippē), die Zitadelle von Orthōsia und schließlich die Festung von Antiocheia. Weitere Festungen kontrollierten die aus dem Mäandertal nach Süden führenden Routen, so die Burg auf dem Çörlenasar Tepesi, die Festungen von Amyzōn und Labraunda sowie eine Befestigung in Akmescit, früher Karakilise (Route 3). Gegenüber von Cumalı liegt auf der W-Seite des Marsyas-Tales nördlich der Einmündung eines von Westen kommenden Baches eine mittelalterliche Burg (Route 4). Unterhalb der Burg von Harpasa mit byzantinischer Festung im Harpasostal steht ein befestigter Gutshof (Route 5). Am Weg von Antiocheia nach Aphrodisias überwachte die Burg Tantalos die Brücke über den Morsynos/Dandalas Çayı (Route 6).

Von Milet folgte man zunächst der Straße nach Mylasa (Route 3) und dann der „Küstenstraße" (Route 1) über Hērakleia nach Myus, das um die Zeitenwende noch am Latmischen Golf lag, aber schon um 300 n. Chr. von den Anschwemmungen des südlichen Mäander-Armes umgeben war, der w. von Myus in den noch vorhandenen Latmischen Golf mündete und später Hauptstrang des Flusses wurde[218], von dem aus noch im 13. Jh. eine mit Schiffen befahrbare Rinne in den heutigen Bafa Gölü mit dem Hafen von Melanudion bestand[219]. Das antike Myus verlor seine Bedeutung als Hafenstadt, als die Umgebung im Schwemmsand des Mäander versank, war aber als Ausgangspunkt eines Verkehrsweges auf der südlichen Seite des Mäandertales offensichtlich weiterhin von Bedeutung, denn die Byzantiner bauten auf einem Felsvorsprung, ca. 500 m n. der alten Stadt, eine weithin sichtbare Festung (Abb. 14)[220]. Im Spätmittelalter war der Umweg um den Latmischen Golf nicht mehr notwendig, denn es gab bereits eine gepflasterte Straße mit antiken Werkstücken durch das Mäander-Schwemmland von Milet nach Sarıkemer (Pyrra[221]), die auf dem Landweg weiter nach Myus führte[222]. Zu dieser Straße (sie ist in der schematischen Kartenskizze der Routen, Abb. 56, grau eingetragen) gehört die sogenannte Seldschuken-Brücke mit 4 Bögen, die am Fuß des Humei Tepe von Milet über den Mäander führt[223]. In Sarıkemer steht noch ca. 100 m flussaufwärts von der modernen Brücke eine mittelalterliche Steinbrücke tief im Schwemmland[224]. Sie hatte 7 Bögen, von denen jetzt 2 im Schilf verschwunden sind (Abb. 15). Eine antike, in osmanischer Zeit erneuerte Straße führte von Pyrra nach Myus[225].

---

213 *PLP* 29752. Φιλανθρωπηνός, Ἀλέξιος Δούκας; Alice-Mary Talbot, Philanthropenos, Alexios. *ODB* 3 (1991) 1649; Thonemann, Maeander Valley 277.

214 Vryonis, Decline 250–254.

215 Müller-Wiener, Befestigungen 8–42.

216 U. Peschlow, Latmos. *RbK* 5 (1995) 651–716; kartiert in Peschlow-Bindokat, Herakleia am Latmos (Faltkarte).

217 Peschlow-Bindokat, Herakleia am Latmos, Falttafel Nr. 29, 30.

218 Vgl. Müllenhoff, A. 68.

219 Noch 1244 bestätigt Kaiser Johannes III. Dukas Batatzēs die Privilegien des Patmos-Klosters in den karischen Häfen von Palatia, Strobilos und Melanudion (= Herakleia am Latmos): Engrapha Patmu I, Nr. 24.7–8; Dölger, Reg.[2] 1783. Heute führen zwei Kanäle vom Westufer des Sees zum Mäander, die durch einen 4 km langen Dammweg verbunden sind.

220 G. E. Bean, Myous. *PECS* 602–603; W. Müller-Wiener, Mittelalterliche Befestigungen im südlichen Jonien. *Ist. Mitt.* 11 (1961) 8–14; Sağdıç, Aydın 86 f., Abb. 121, 122.

221 Zu Pyrra vgl. Lohmann, Topographie 243f., 268–270, Abb. 22–24.

222 Wilski, Karte; vgl. Umfeldkarte von Milet mit mittelalterlicher Straße zwischen Milet und Sarıkemer bei B. Schröder – Ü. Yalçin, *Ist. Mitt.* 41 (1991 [1992]) 153, Abb. 6.

223 Philippson, Das südliche Jonien 7; G. Kleiner, Die Ruinen von Milet. Berlin 1968, 152.

224 Philippson, Das südliche Jonien 6; Sağdıç, Aydın 88, Abb. 124.

225 Lohmann, Topographie 243; Lohmann, Mykale 2001–2006, 75, A. 89.

Entlang dem Südufer des Mäander kam man dann am Rande der Berge über Nalbantlar[226], wo eine zweite von Hērakleia kommende Route einmündete sowie eine weitere, die nördlich von Eurōmos die Route 3 von Milet nach Mylasa verließ und über Bağarcık in das Mäandertal führte, nach Koçarlı (einst überwiegend von Griechen bewohnt[227]) mit einem Turmgehöft, das in seinen Fundamenten wohl spätbyzantinisch ist und im 18./19. Jh. eine der Residenzen der Cihanoğlu war[228]. Hier mündete die Route ein, die von Mylasa, über Labraunda, Alinda und Amyzōn kam (vgl. Route 3)[229]. Südlich des Weges zum Marsyas-Tal, durch das die auch durch Meilensteine gut bezeugte Route 4 nach Süden führte, lag auf dem Deştimanbeleni Tepesi im Norden von Cincin eine römisch-byzantinische Siedlung[230], von der wohl die Spolien im türkischen Kastell von Cincin stammen. Auch von Cincin führte ein Passweg nach Amyzōn (Route 3)[231]. Ein Teil der alten Pflasterstraße ist im Westen der Festung erhalten (Abb. 16). Es wird vermutet, dass die große Cihanoğlu-Festung aus spätosmanischer Zeit (sie beherbergt heute einen Teil des Dorfes Cincin) auf ein befestigtes Kloster oder eher auf einen befestigten Dynastensitz des 13. Jhs. (vielleicht der Partei des Iōannēs Karantēnos) zurückgeht[232]. Die gewaltige Festung hat zum Teil abgeschrägte Stützmauern (Abb. 17); ein Abschnitt stammt wohl aus laskaridisch-paläologischer Zeit (Abb. 18). Hier könnte man auch das Landgut *(proasteion)* Kyparission suchen, um das sich das Paulos-Kloster vom Latmos mit dem Bischof von Amazōn stritt[233].

Zwischen dem Marsyas-Tal und dem Harpasos-Tal lagen zwei weitere wichtige Siedlungen: Euippē, heute Dalama (erkennbar noch die Umrisse einer Stadtmauer und eines Theaters)[234] und Orthōsia, in byzantinischer Zeit Bistum (Orthōsias). W. von Dalama steht in Dereköy auf einem Hügel ein spätbyzantinischer Wachtturm (Abb. 19). Orthōsia (Ortas Mahallesi) lag auf 2 Hügeln ö. von Yenipazar, etwa 200 m über dem Mäandertal)[235]. Auf dem ö. Hügel lag die ausgedehnte antike Stadt mit Theater und Agora (irrig auch als Stadion bezeichnet[236]), auf dem w. Hügel stand die byzantinische Zitadelle (Abb. 20). Nach der Überquerung des Harpasos, durch dessen Tal die Route 5 nach Süden führte, folgte man weiter dem Südufer des Mäander bis Antiocheia. Die Stadt lag am rechten Ufer des Morsynos auf dem ca. 150 m hohen Asartepe, 2 km vor dessen Mündung in den Mäander bei Başaran[237]. Antiocheia war ein Straßenknotenpunkt, bei dem die von Ephesos kommende Nordroute durch das Mäandertal nach Überquerung des Flusses auf einer Brücke[238], die auch durch Münzen bezeugt ist (Abb. 21)[239], mit der Südroute zusammentraf. Die Mäanderbrücke bei den *polichnia* Hyelios und Leimmocheir, wo 1177 ein Einfall der Türken abgewehrt wurde, ist wohl auf die Mä-

[226] Sö. von Nalbantlar liegt die byzantinische Burg Asarkale: Route 2 bei PESCHLOW-BINDOKAT, Straßennetz 189f.; PESCHLOW-BINDOKAT, Herakleia am Latmos, Karte, Nr. 30.

[227] PHILIPPSON, Das südliche Jonien 17.

[228] AREL, Cihanoğlu 254, Fig. 20.

[229] Überblick über das komplizierte Wegenetz in der Latmia bei PESCHLOW-BINDOKAT, Herakleia am Latmos, Karte.

[230] E. AKDENİZ, *AST* 14/2 (1996 [1997]) 242.

[231] HULA – SZANTO, Karien 1.

[232] Yurt Ansiklopedisi 2, Taf. CLI 773: Cincin Kalesi; SAĞDIÇ, Aydın 118, Abb. 185, 187; Ayda AREL, Cincin köyünde Cihanoğulların ait yapılar. *AST* 5/1 (1987) 43– 76; AREL, Cihanoğlu 259–264, Fig. 25, 26; THONEMANN, Maeander Valley 276, Fig. 7.7.

[233] GASTGEBER – KRESTEN, Nr. 11.

[234] G.E. BEAN, Euhippe. *PECS* 320.

[235] P. DEBORD, *KST* 20/2 (1998 [1999] 258–261; E. VARİNLİOGLU – P. DEBORD, *KST* 21/2 (1999 [2000]) 135– 9; *KST* 22/2 (2000 [2001] 113–118; A. PLONTKE-LÜNING, Orthosia (1). *DNP* 9 (2000) 78; SCHEIBELREITER-GAIL, Mosaiken 327–330; DEBORD – VARİNLİOĞU, Cités 231–339.

[236] MARCHESE, Lower Maeander I 235; Northern Caria 153, Plate 53, 54.

[237] Eine Planskizze von Ch. RATTE, *AJA* 100 (1994) 5–33; H. BARNES – M. WHITTOW, Medieval Castles: Antioch-on-the-Maeander. *Anatolian Archaeology* 4 (1998) 17–18; SAĞDIÇ, Aydın Abb. 182, 183.

[238] Strabōn 630: ἡ μὲν οὖν Ἀντιόχεια μετρία πόλις ἐστὶν ἐπ᾽ αὐτῷ κειμένη τῷ Μαιάνδρῳ κατὰ τὸ πρὸς τῇ Φρυγίᾳ μέρος (ἐπέζευκται δὲ γεφύρα).

[239] B. V. HEAD, Historia numorum. Oxford $^{2}$1911 (ND Chicago 1967) 608f. mit Abb. 303; ROBERT – ROBERT, Carie II 39, A.2; THONEMANN, Maeander Valley 25f., Fig. 1.9 mit Verweis auf ein Graffito in einem Haus auf Dēlos aus spätrepublikanischer Zeit, in dem die Brücke mit Schiffen, die den Mäander hinabsegeln, dargestellt ist. Eine umfassende Übersicht über die zahlreichen Münzen dieser Brücke mit historischer Wertung und mythologischer Interpretation bietet NOLLÉ, Brücke.

anderbrücke von Antiocheia zu beziehen[240]. Als Station des Zweiten Kreuzzuges unter König Ludwig VII. von Frankreich an der Straße von Ephesos nach Laodikeia erscheint Antiocheia 1147[241]. Antiocheia war im 13. Jh. Mētropolis ohne Suffragane[242] und Hauptstadt des Themas Maiandros[243]. Die beiden Routen führten nun gemeinsam am Südufer bis Karura, heute Tekkeköy bei Kabaağaç[244], wo sie das Mäandertal verließen, um über Sarayköy durch das Lykos-Tal das phrygische Laodikeia zu erreichen. Karura, an der Grenze von Karien zu Phrygien, war bekannt für seine Gasthöfe und Thermalquellen[245] und ist auch in der *Tabula Peutingeriana* eingetragen. Die Thermalquellen werden auch heute noch genutzt (mehrere Thermalbäder mit Hotels, so Umut Termal Kaplıca, und einfache Badeanlagen, Abb. 22). Von der Mäandertal-Straße zweigte in Antiocheia die ebenfalls durch Meilensteine bezeugte Straße durch das Morsynos-Tal nach Aphrodisias ab (Route 6).

## Route 3. Die Straße von Milet über Mylasa nach Halikarnassos mit Abzweigungen von Eurōmos in das Mäandertal und von Mylasa nach Iasos, Labraunda (und von dort in das Mäander- bzw. Marsyastal), Lagina, Stratonikeia, Keramos und Passala

Diese sowohl durch Meilensteine als auch Brückenreste bezeugte Route bildet das Rückgrat des karischen Straßennetzes, verband sie doch die alte griechische Kolonie Milet mit der ältesten karischen Metropole Mylasa und deren in der Zeit der persischen Okkupation entstandenen Nachfolgerin Halikarnassos.

Die Straße folgte in der Antike und in frühbyzantinischer Zeit (bis etwa 1000 n. Chr.) zunächst dem Ufer des Latmischen Golfes, später dem Ufer der Milēsia Limnē (Bafa Gölü). Ein Meilenstein (Nr. 11), gefunden in Sakızburnu (heute Dalyan), 8 km ö. von Milet, wo der Abfluss des Bafa Gölü in den Mäander einmündet, misst 3 Meilen Entfernung. In Dalyan zweigt heute von der modernen Fernstraße Söke–Milas die Straße nach Milet ab. Vorbei an Assēsos[246] kam man nach Mersinet (Pınarcık), wo ein weiterer Meilenstein gefunden wurde (Nr. 12). Etwa 10 km vor Mersinet steht über dem Seeufer ein türkischer Han, Zeugnis für die Bedeutung dieser Straße auch in osmanischer Zeit (Abb. 23). In Mersinet İskelesi, am Ufer des Latmischen Golfes, lag die Stadt Iōniapolis[247]. Am Weg nach Bafa (Çamiçi), wo die Straße nach Hçrakleia (Routen 1, 2, 7) abzweigte, liegt unmittelbar vor Bafa nördlich der Straße die Kadikalesi am Ende einer lockeren Kette von Wachttürmen, welche die Straße von Milet nach Mylasa begleiteten[248]. An der nun folgenden Passstraße lag w. von Danişment ein mittelalterliches Kastell mit beherrschendem Blick auf den Anstieg und das östliche Ufer des Bafa Gölü[249]. Nach Überwindung des niedrigen Passes (heute Karabel Tunnel) führte die Straße nach Pidasa, heute Cerit Osman Kalesi, auf einem Vorberg des Grion, etwa 8 km sw. von Danişment[250]. In einem Sympolitievertrag mit Pidasa verpflichtete sich Milet zum Bau einer Straße für Ochsengespanne von

---

240 Nik. Chōn.193: ἤλαυνον (*scil.* Πέρσαι) εὐθύ τοῦ Ὑελίου καὶ τοῦ Λειμμόχειρος τῶν πολιχνίων, καθ' ἃ περὶ ποταμῷ τῷ Μαιάνδρῳ πάλαι ποτὲ γέφυρα περιήγετο; RAMSAY, Asia Minor 134; VRYONIS, Decline 126.

241 Odo von Deuil 110f.; THONEMANN, Maeander Valley 7f.

242 J. DARROUZES, Notitiae 164 *et passim*.

243 THONEMANN, Maeander Valley 5.

244 RUGE, Karura. 1). *RE* 10/2 (1919) 2243f.

245 Strabōn 578 nennt Karura als Grenzort zwischen Karien und Phrygien mit Gasthöfen und Thermalquellen: Ὅριον δέ ἐστι τῆς Φρυγίας καὶ τῆς Καρίας τὰ Κάρουρα· κώμη δ᾽ ἐστὶν αὕτη πανδοχεῖα ἔχουσα καὶ ζεστῶν ὑδάτων ἐκβολάς, τὰς μὲν ἐν τῷ ποταμῷ Μαιάνδρῳ, τὰς δ᾽ ὑπὲρ τοῦ χείλους.

246 H. LOHMANN, Assesos. *DNP* 2 (1997) 111; LOHMANN, Kazıklı 107, A. 363; LOHMANN, Milet und die Milesia 329 Abb.1, 335f., Abb, 6; R. SENFF, Form and Function of Sanctuaries in Archaic Miletus. *REA* 108 (2006) 165, Fig. 2, 171, Fig 6.

247 Anneliese PESCHLOW-BINDOKAT, Ioniapolis. *Ist. Mitt.* 27/28 (1977/78) 131–136; LOHMANN, Topographie 201.

248 MÜLLER-WIENER, Befestigungen 8f., 19–24, Abb. 3 (S. 13).

249 MÜLLER-WIENER, Befestigungen 19.

250 COOK, Milesian Territory 91–94; ROBERT, *BCH* 102 (1978) 490–500 = ROBERT, Documents d'Asie Mineure 186–196; G. E. BEAN, Pedasa or Pidasa. *PECS* 682; W. RADT, Pidasa bei Milet. *Ist. Mitt.* 23/24 (1973/1974) 169–174; PIMOUGUET-PEDARROS, Défense 157–158; LOHMANN, Topographie 240.

Pidasa nach Iōniapolis[251]. Von hier gelangte man in das Tal des Eğri Dere (antik Kybersos[252]) mit Eurōmos, s. von Selimiye[253].

Nw. von Eurōmos zweigte eine Route nach Norden ab, die über Bağarcık in das Mäandertal führte, das sie bei Nalbantlar oder (über Amyzōn) in Koçarlı bzw. Cincin erreichte[254]. Über Sakarkaya, wo eine Straße aus dem s. von Hērakleia gelegenen Gölyaka einmündete (Route 7), kam man nach Überquerung des Passes Anadolu/Sakarkaya Geçidi ca. 2 km s. von Bağarcık zu einer weithin sichtbaren, auf einem kahlen Felsmugel erbauten spätbyzantinischen Festung auf dem Çörlenasar Tepesi[255] (Abb. 24), zu der eine schmale, byzantinische Stichstraße abzweigte. In Bağarcık mündete eine Straße aus Hērakleia ein (Route 7), an der w. von Bağarcık die antike Bağarcık Kalesi steht[256]. S. von Nalbantlar sicherten zwei Burgen den Ausgang der Straße in das Mäandertal[257], von denen die östliche Asarkale, auf einem konischen Hügel ö. oberhalb von Sayrakçı, erst in spätbyzantinischer Zeit errichtet wurde (Abb. 25). Ein weiterer Weg führte von Bağarcık über Kızılcabölük nach Amyzōn und von dort entweder in das Mäandertal oder nach Alinda und von dort weiter nach Osten Richtung Alabanda, Hyllarima und Aphrodisias (Route 7).

Ein anderer Weg[258] verlief von Eurōmos über Narassa (Narhisar) nach Alinda (Karpuzlu). An diesem Weg lagen vermutlich auch die antiken Festungen von Atavlusu und Ören[259]. In Meriçler erreichte dieser Weg die Straße von Amyzōn nach Alinda.

Auch eine Straße von Eurōmos nach Olymos (Kafaca, 6 km sö. von Eurōmos[260]) ist bezeugt[261]. Diese Straße führte wohl von Kafaca über Dibekdere zur Route 3 nach Mylasa bzw. Eurōmos. Etwa 5 km s. von Eurōmos zweigte nach Westen eine Route ab, die über Chalkētōr (Karakuyu) nach Iasos führte.

6 km nw. von Mylasa überquerte die Straße auf einer in osmanischer Zeit renovierten Brücke[262], von der 1991 noch 7 Bögen erhalten waren (Abb. 26)[263], den Sarı Çay (antik Keniōs[264]). Sie ist heute zum Teil von der modernen Straße überbaut (Abb. 27, 28); von der anschließenden römischen Straße nach Eurōmos ist noch ein längeres Stück erhalten[265]. Nördlich von Mylasa war die Straße bei der Wendung aus Nordwest nach Süd als Hohlweg etwa 6 m in den anstehenden Fels eingetieft[266]. In Milas ist die alte Akköprü noch bekannt[267].

---

[251] L. MIGEOTTE, La traité entre Milet et Pidasa (*DELPHINION* 149). Les clauses financières, in: A. BRESSON – R. DESCAT (Hrsg.), Les cités d'Asie Mineure occidentale au II$^{e}$ siècle a.C. Bordeaux 2001, 130: κατασκευάσαι δὲ Μιλησίους ὁδὸν ἐκ τῆς Πιδασίδος ζυγίοις πορευτὴν εἰς Ἰωνίαν πόλιν; LOHMANN, Topographie 240.

[252] BLÜMEL, Mylasa I 257. 11, 17; BARRINGTON Atlas Map 61.

[253] G. E. BEAN, Euromos. *PECS* 320f.

[254] PESCHLOW-BINDOKAT, Herakleia am Latmos 132f. und Karte.

[255] Anneliese PESCHLOW, *AST* 12 (1994 [1995]) 125.

[256] Anneliese PESCHLOW, *AST* 12 (1994 [1995]) 127; *AST* 13/2 (1995 [1996]) 212–213; *AST* 14/1 (1996 [1997]) 143–145: Besiedlung vom 4. Jh. v. Chr. bis in röm. Zeit. PESCHLOW-BINDOKAT, Straßennetz 195–197 (Nr. 4 und 5); PESCHLOW-BINDOKAT, Herakleia am Latmos 132–133 und Karte; PIMOUGUET-PÉDARROS, Défense 305f.; RUGGIERI, Caria 61, 109, A. 47.

[257] PESCHLOW-BINDOKAT, Herakleia am Latmos, Karte Nr. 29, 30.

[258] Diesen Weg verfolgte Richard Chandler 1874/75: R. CHANDLER, Travels in Asia Minor 1764–1765. Edited and abridged by Edith CLAY with an Appreciation of William Pars by A. WILTON. London 1971, 163–165; vgl. RUGGIERI, Caria 61 und 88–90 (zu den Ruinen von Karakilise bei Narhisar).

[259] PATON – MYRES, Karian Sites 213f., Fig. 11 (Attau-lu-su ); PIMOUGUET-PEDARROS, Défense 305f.

[260] W. RUGE, Olymos. *RE* 17/2 (1937) 2510–2519; RUGGIERI, Caria 87f., Fig. II/49: Marmorblock mit Kreuzrelief und A und Ω im Hof der Moschee.

[261] G. COUSIN, *BCH* 22 (1898) 401, Nr. 48, Z. 11 = BLÜMEL, Mylasa II 814.11: μέχρι τῆς ὁδοῦ τῆς ἐπ' Εὔρωμον φερούσης.

[262] HULA – SZANTO, Karien 11 (Inschriften); PHILIPPSON, Reisen V 19; L. ROBERT, *AJA* 39 (1935) 338 (Inschriften); BLÜMEL, Mylasa II, S. 99 (Inschriften); W.-D. HÜTTEROTH – V. HÖHFELD, Türkei. Darmstadt 2002, Türkei 279, Abb. 56.

[263] Sie hatte ursprünglich 11 Bögen: CULPAN, Türk taşköprüleri 231: Kârgir köprü (11 gözlü); ZEKÂI EROĞLU, Muğla tarihi (1939) 269.

[264] BLÜMEL, Mylasa II 805.4; BARRINGTON Atlas Map 61.

[265] Ş. GÜNER, Anadolu'da Kral Yolları. İstanbul 1995, 59, 190, 207.

[266] PHILIPPSON, Reisen V 19; AKARCA, Milâs, Taf. 5, zeigt die alte Pflasterstraße von Milas nach Selimiye.

[267] CULPAN, Türk taşköprüleri 232.

Mylasa/Milas[268], war mit dem Tempel des Zeus Karios[269] in der Antike das eigentliche Zentrum Kariens und in spätbyzantinischer Zeit eigenes Thema[270]. Die heutige Vilâyet-Hauptstadt Muğla (antik Mobōlla) und die byzantinische Metropolis Aphrodisias (Staurupolis) liegen bereits an der Grenze Kariens zu Lykien bzw. Phrygien, das Gleiche gilt für Milet an der Grenze zu Asia. Mylasa hingegen war der verkehrspolitische Mittelpunkt, von dem Straßen in alle Regionen Kariens ausstrahlten. Es mutet merkwürdig an, dass diese so wichtige Stadt als einzige der großen Städte Kariens keine Stadtmauer hatte. Eine denkbare Erklärung wäre, dass Mylasa ringsum von Festungen geschützt wurde, die eine zusätzliche Stadtmauer entbehren ließen (Abb. 29)[271]: Im Westen der Stadt lagen die Festungen auf dem Sodra Dağı und Hıdırlık Tepesi, im Osten die Kuyruklu Kalesi und die Festung auf dem Beşiktaş Tepesi, im Süden die Beçin Kalesi[272]. Diese Festungen dienten nicht nur dem Schutz von Mylasa, sondern boten zugleich auch einen ausgezeichneten Überblick über die vielen Routen, die aus der Ebene von Mylasa ausstrahlten.

S. des Hıdırlık Tepesi mit seiner Festung aus klassischer Zeit[273] verlief ein Weg zu einem Pass, der über Hydai (Damlıboğaz) und die s. Ausläufer des Grion nach Iasos führte. Unterhalb des Passes über den Grion traf er auf den Weg von Eurōmos über Chalkētōr (Karakuyu) nach Iasos. Von der Passhöhe, in der eine der karischen Kuppelzisternen das hohe Alter dieser Straße bezeugt, hat man einen grandiosen Blick auf die nun ausgetrocknete *Mikra Thalassa*, das „Kleine Meer", wo Passala, der ehemalige Hafen von Mylasa lag (heute Flughafen Milas–Bodrum, Abb. 30). – Nördlich des Hıdırlık Tepe verließ die Route 3 nach Milet die Ebene.

Vom Hıdırlık Tepesi konnte auch die nach Norden durch einen Aquäduktbogen, das „Baltalı Kapı"[274], über Labraunda (Labranda) in das Mäandertal bzw. das Marsyastal führende Straße beobachtet werden. Bis Labraunda war es eine Prozessionsstraße, *Hiera Hodos* („Heilige Straße) zum Tempel des Zeus Stratios (Labrandeus), der nach den antiken Quellen 600 bzw. 700 Stadien (11 bzw. 13 km) von Mylasa entfernt war[275]. Von dieser Straße, die von mehreren Burgen und Türmen flankiert wird (im Westen Burgaz Kale, Tepesar Kale, Ucalan Kule, im Osten Harap Kule, Kepez Kule) sind unweit s. der Ruinen von Labraunda und nördlich von Kargıcak noch längere Stücke (bis 8 m breit) erhalten. Sie wurde ursprünglich vor allem für den Marmortransport aus den Steinbrüchen von Mylasa verwendet[276]. Im Tempelareal wurde in byzantinischer Zeit eine Kirche erbaut[277]. Hier war vielleicht auch im Mittelalter eine Wallfahrtsstätte. In der Antike

---

268 G. E. BEAN, Mylasa. *PECS* 601–602; H. KALETSCH, Mylasa. *DNP* 8 (2000) 590–591; RUGGIERI, Caria 199–226.

269 H. SCHWABL, Zeus. *RE* S 15 (1978) 1459; die dem Zeus Karios zugeschriebenen „Tempelfundamente" in Mylasa (heute wegen der hohen Säule mit Storchennest Uzun Yuva = hohes Nest benannt) waren allerdings nach neueren Untersuchungen von F. Rumscheid eine in den Maßen dem Mausoleion von Halikarnassos fast gleiche Grabanlage: F RUMSCHEID, Maussollos and the „Uzun Yuva" in Mylasa: an unfinished Proto-Maussolleion at the heart of a new urban centre?, in: Hellenistic Karia 69–102.

270 C. FOSS, Mylasa und Melanudion. *ODB* 2 (1991) 1428.

271 RUMSCHEID, Mylasas Verteidigung 208–210, 222 (gegen BEAN, der in „Baltalı Kapı" ein Tor der ansonst verschwundenen Stadtmauer sieht, war dies ein prunkvoller Bogen des von Osten kommenden Aquädukts, durch den die Prozessionsstraße nach Labraunda führte).

272 Vgl. Abb. 13 nach RUMSCHEID, Mylasas Verteidigung 209, Abb. 3.

273 RUMSCHEID, Mylasas Verteidigung 212–215, Abb. 7–9.

274 Abuzer KIZIL, Das Baltalı Kapı in Mylasa, die Labrys und die Augen des Zeus. *Anatolia Antiqua* 17 (2009) 255–264.

275 Strabōn 659, XIV 2, 23 (BLÜMEL, Mylasa II, S. 17, T 269): τὰ δὲ Λάβρανδα κώμη ἐστὶν ἐν τῷ ὄρει κατὰ τὴν ὑπέρθεσιν τὴν ἐξ Ἀλαβάνδων εἰς τὰ Μύλασα, ἄπωθεν τῆς πόλεως· ἐνταῦθα νεώς ἐστιν ἀρχαῖος καὶ ξόανον Διὸς Στρατίου· … , ὁδός τε ἔστρωται σχεδόν τι καὶ ἑξήκοντα σταδίων μέχρι τῆς πόλεως, ἱερὰ καλουμένη, δι᾽ ἧς πομποστολεῖται τὰ ἱερά· … ; Claudius Aelianus, De natura animalium XII 30 (BLÜMEL, Mylasa II, S. 19, T 35: ἀφέστηκε δὲ ὁ νεὼς τοῦ Διὸς τοῦδε [*scil.* Λαβρανδέως] τῆς Μυλασέων πόλεως σταδίους ἑβδομήκοντα).

276 P. HELLSTRÖM – L. KARLSSON, *KST* 26/1 (2004 [2005]) 77f.; KARLSSON, *KST* 29/1 (2007 [2008]) 271, Fig. 4; KARLSSON, Labraunda 2004–2007. Ein Vorbericht über die schwedischen Ausgrabungen. Mit Beiträgen von O. HENRY und J. BLID. *Ist. Mitt.* 58 (2008) 111, Fig. 3; HELLSTRÖM, Labraunda 24ff. (mit Abb.: Straße bei Kargıcak), 144–145 (mit Abb.: Straße südlich von Labraunda); P. BELLI – R. GUSMANI, Una nuova iscrizione rupestre presso il santuario di Labraunda in Caria. *La parola del passato* 56 (2001) 33–41 (zu einer Felsinschrift an der Straße). – Diese Straße nutzte auch Charles Fellows 1840 auf seinem Weg von Alinda nach Mylasa: FELLOWS, Lycia 273–276.

277 J. BLID, The Byzantine Church at Labraunda. Uppsala 2006. http://www.arkeologi.uu.se/aks/education/magisteruppsatser/Blid.pdf.

gab es auch Wettkämpfe in einem Stadion[278], das die überregionale Bedeutung von Labraunda bezeugt. Labraunda ist daher vermutlich mit dem in den *Notitiae episcopatuum* genannten Bistum Larba zu identifizieren. Noch im Spätmittelalter wurde hier ein befestigter Grenzposten der Byzantiner gegen die Türken eingerichtet[279]. Im ca. 700 m hoch gelegenen Labraunda erreichte die Straße die Passhöhe (ὑπέρθεσις) über die s. Ausläufer des Latmos zwischen der Ebene von Mylasa und der am oberen Sarı Çay (Keniōs) gelegenen Türbe Ovası, wo heute der Sarı Çay aufgestaut ist (Geyik Barajı)[280]. In der Region zwischen Ortaköy (auch Türbe oder Beypınar[281]) und Hacıimamlar wurden zahlreiche antike Ruinen entdeckt, auch mehrere Felsinschriften mit IE, also Grenzinschriften, die vermutlich auf die ΙΕΡΟΚΩΜΗ zu beziehen sind, die in zahlreichen Inschriften von Lagina und Stratonikeia genannt wird[282]. Auch beim Marsch des Gnaeus Manlius Vulso durch Kleinasien wird 189 v. Chr. die *Hiera Come* erwähnt[283]. Da in Labraunda eine Inschrift die beiden Straßen nach Kalbissos und Hiera Kōmē bezeugt[284], wird man Hiera Kōmē wohl am ehesten in Ortaköy (Türbe/Beypınar) suchen, das an der Straße von Labraunda nach Alinda und somit in unmittelbarer Nachbarschaft liegt. Hier sind in den Ortsteilen Pazaryeri und Dolukuyusu (nahe an der Straße nach Alinda) Ruinen von repräsentativen Bauten erhalten[285]. Kalbissos könnte man am ehesten mit Kargıcak am Weg nach Mylasa identifizieren. Von Beypınar (Bey-Bunar) gibt es auch eine direkte Verbindung an den Hängen des Gökbel nach Alabanda[286]. Dies könnte die von Strabōn erwähnte Verbindung von Mylasa über Labranda nach Alabanda sein[287]. Auf dieser Strecke überquerte ö. von Hasanlar eine römische Brücke (jetzt nicht mehr bekannt) den Akçaova Çayı[288].

Am Ausgang der Türbe Ovası liegt im Pass, der nach Alinda führt, die byzantinische Festung Kayıcı Asar[289]. Die *Hiera Hodos* führte nö. von Labraunda über die Ausläufer des Latmos direkt weiter nach Alinda. Ihre Spuren, die jedoch keine Pflasterung mehr aufweisen, können noch verfolgt werden[290].

Alinda (Karpuzlu, früher Demirciderèsi)[291] liegt am Westende einer großen und fruchtbaren Ebene, die vom Karpuzlu Çayı durchflossen wird, der zum Tal des Marsyas (Çine Cayı) fließt. Neben dem Theater und dem vorzüglich erhaltenen Marktgebäude hatte Alinda auch ein Stadion. 1262 ist noch ein Bischof Johannes von Amyzōn bekannt. Er ist – neben den Metropoliten von Staurupolis und Milet – einer der wenigen karischen Bischöfe, die wir aus spätbyzantinischer Zeit namentlich kennen[292]. Der heute sehr abgelegene Ort

---

[278] Hellström, Labraunda 142f.; Paavo Roos: The stadion at Labraunda in: Karlsson – Carlsson, Labraunda and Karia 257–266.

[279] L. Karlsson, Labraunda 2008. *KST* 31/1 (2009 [2010]) 357: Thus, surprisingly, the excavations have shown that Labraunda played an important role as a military outpost and protective fort during the troubled Byzantine period between the 11th and 13th centuries, located on the border between the Byzantine Empire and the Seldjuks of Konya; L. Karlsson: The forts and fortifications of Labraunda, in: Karlsson – Carlsson, Labraunda and Karia 217–252; L. Karlsson, Labraunda 2009. *KST* 32/1 (2010 [2011]) 230, 235, Fig. 4.

[280] Zur antiken Straße zwischen Labraunda und Türbe vgl. Cousin, Voyage 25f.

[281] Die Schönheit der Landschaft von Türbe mit ihrem reichen Schirmpinienbestand zwischen den typisch karischen Granitblöcken rühmt Fellows, Lycia 273.

[282] Roos, Between Labraunda and Alinda 21 (Beypınar: Inschriften mit IE); *ZPE* 50 (1983) 222–224, Taf. XII; Şahin, Stratonikeia II/1 601–603, 606, 609, 611 *et passim*, III S. 4–6.

[283] Livius XXXVIII 12–13: von Magnesia kommend: *Transgressi Maeandrum ad Hieran Comen pervenerunt. Fanum ibi augustum Apollinis et oraculum ......... Hinc alteris castris ad Harpasum flumen ventum est*; vgl. Robert, Études anatoliennes 558–561, zum Apollo-Heiligtum: P. Debord, Apollon en Carie. *Arkeoloji Dergisi* 2008/2, 59f.

[284] Crampa, Labraunda 8, 32: αἱ ὁδοὶ δύο ἥ τε ἐπὶ Καλβισσου καὶ ἐπὶ Ἱερὰν Κώμην.

[285] Roos, Between Labraunda and Alinda 18f., Fig. 3–4.

[286] Philippson, Reisen V 16–18.

[287] Strabōn 659, XIV 2, 23 (Blümel, Mylasa II, S. 17, T 269).

[288] A. Laumonier, *BCH* 60 (1936) 302: Un peu après la tour (*scil.* von Hasanlar), un beau pont antique enjambe la rivière d'Akçe; zum Turm von Hasanlar: Pimouguet-Pédarros, Défense 118, 307–308 *et passim*; H. Lohmann, Risultati di una survey condotta nella penisola di Kazıklı. *La parola del passato* 60 (2005) 347 (fattoria torre).

[289] Roos, Between Labraunda and Alinda 19f., Fig. 8. Zum Weg von Alinda nach Türbe vgl. auch Tschihatscheff – Kiepert 50.

[290] A. Westholm, The Architecture of the Hieron, in: Labraunda. Swedish Excavations and Researches I 2. Lund 1963, 10, 12.

[291] G. E. Bean, Alinda. *PECS* 40f. Zur archäologischen Erforschung vgl. zuletzt: P. Ruggendorfer, Untersuchungen zur städtebaulichen Entwicklung und zur Geschichte von Alinda. *AST* 28/3 (2010 [2011]) 207–220, speziell Heiligtum in der Unterstadt, Stadion und byzantinische Kirchen.

[292] Preiser-Kapeller, Episkopat 426.

lag im antiken und mittelalterlichen Verkehrsnetz zentral an der von Mylasa kommenden Route über Amyzōn in das Mäandertal; hier zweigte die vom Latmos kommende West–Ost-Verbindung nach Alabanda, Hyllarima und Aphrodisias ab (Route 7).

Die Straße von Alinda nach Amyzōn führte, wie alte Straßenreste zeigen[293], über Cumalar und Meriçler nach Akmescit, 3 km s. von Amyzōn. Akmescit hieß früher Karakilise („Schwarze Kirche"), was ein Hinweis auf eine Kirche oder ein Kloster sein dürfte. Außer der antiken Straße (Abb. 31) sind mächtige Fundamente eines alten Bauwerks erhalten, ähnlich den Fundamenten der Festung Cincin. Daher wird vermutet, dass hier ein befestigtes byzantinisches Kloster stand, dass in der Folge im 18. Jh. zu einem Herrensitz der Cihanoğlu ausgebaut wurde[294]. Hier mündete auch die vom Latmos kommende Straße nach Hyllarima und Aphrodisias (Route 7) ein.

Amyzōn, heute Mazin Kalesi (Asar)[295], lag ca. 650 m hoch oben im östlichen Latmos mit beherrschendem Ausblick vom Latmos bis zum Marsyas-Tal. Die Stadt ist durch eine Inschrift des 2. Jhs. n. Chr. aus der Gegend von Magnēsia am Mäander für ihren Straßenbau bekannt, in der die Polis Amyzōn erklärt, die Baukosten für den *Trachōn* genannten Straßenabschnitt, der ihr zustand, getragen zu haben[296]. Gemeint ist damit aber nicht die „rauhe" Gebirgsstraße von Alinda über Amyzōn in das Mäandertal, sondern die Straßenengstelle nördlich von Magnēsia Maiandru, wo die Inschrift gefunden wurde. Die antike Straße, die von Akmescit nach Amyzōn führte, ist auf einer Länge von mehreren hundert Metern bis in das Stadtgebiet erhalten (Abb. 32). Die Straße von Alinda über Amyzōn in das Mäandertal hatte im Mittelalter auch strategische Bedeutung, da Amyzōn (Mēzōn) im 9./10. Jh. Sitz eines hohen Militärkommandanten (Turmarchen) des Themas Thrakēsiōn war. Auf einem Siegel ist Leōn als *basilikos spatharios kai tromarchēs (sic!) tēs Mēzonos* bezeugt[297]. Amyzōn hieß im Spätmittelalter auch Amazonokorakia, vermutlich aufgrund seiner Lage auf einem steil abfallenden Felsstock, vergleichbar mit Korakēsion („Rabennest") in Pamphylien[298]. Eine Reparatur der hohen antiken Stadtmauer in byzantinischer Zeit bezeugt auch ein gut erhaltener Turm in der Südmauer (Abb. 33)[299]. Auf einem Block des byzantinischen Turmes stand die Inschrift: Κ(ύρι)ε βοήθει, Ἠ(σοῦ)ς Χ(ριστός) νεικᾷ [300].

Die Straße von Alinda nach Amyzōn war auch in osmanischer Zeit ein stark frequentierter Weg, wie zahlreiche Wasserhäuschen bezeugen, in denen von den Einheimischen Wasser in Tonkrügen für die Durchreisenden bereitgestellt wurde, so bei Umcular (Abb. 34). Diese Wasserhäuschen sind eine bescheidene Variante der sonst in Karien häufigen Kuppelzisternen bzw. der Quellhäuschen an den hellenistischen Pflasterstraßen im Latmos[301].

Von Amyzōn führte ein Weg über Mersinbelen nach Koçarlı[302] in das Mäandertal und ein weiterer etwas ö. davon über Çeşme nach Cincin. An diesem Weg liegen ö. von Çeşme die Tekke Kale[303] und n. von Çeşme die Divlin Kale, ein hellenistischer Turm aus isodomen Quadern[304]. S. von Cincin diente im Sobuca Bergland eine kleine byzantinische Festung wohl ebenfalls zur Sicherung[305].

[293] PESCHLOW-BINDOKAT, Straßennetz 195; TK Aydın It/14–15.

[294] AREL, Cihanoğlu 258f.

[295] TK Aydın It/14 (Asar); ROBERT – ROBERT, Amyzon.

[296] … ἡ Ἀμυζονέων πόλις τὸ ἐπιβάλλον αὐτῇ μέρος τοῦ Τράχωνος τῇ Ἀσίᾳ κατεσκεύασεν, J. KEIL, Neue Inschriften aus dem Gebiet von Magnesia a.M. *ÖJh* 13 (1910), Beibl. 76–80 MAGIE, Roman Rule II 1546, A. 30; ROBERT – ROBERT, Amyzon 30–32. PEKÁRY, Reichsstraßen 122f., 126f., 129; BEAN, Maeander 199; Inschriften Ephesos VII,1 = *IK* 17,1 (1981) 315.

[297] NESBITT – OIKONOMIDES, Catalogue II 61.1.

[298] ROBERT – ROBERT, Amyzon 280, der allerdings die beiden Toponyme unterscheiden will und Amazonokorakia auf einem Felsstock im Latmos sucht, etwa Bağarcık. Zu Korakesion vgl. *TIB* 8, *s. v.* Kalonoros. Amazonokorakia bei GASTGEBER – KRESTEN, Nr. 1.

[299] ROBERT – ROBERT, Amyzon 54f. mit Abb. 27–29,

[300] ROBERT – ROBERT, Amyzon 269, Fig. 64.

[301] PESCHLOW-BINDOKAT, Latmos 48, mit Abb. 57 auf S. 45; PESCHLOW-BINDOKAT, Herakleia am Latmos 136.

[302] PHILIPPSON, Reisen V 12f.

[303] Heute Tekasar (Tekhisar): TK Aydın Iş/14–15; Tarihte Türkiye EC; PATON, Sites in E. Karia 57f.; PIMOUGUET-PÉDARROS, Défense 303f., 312.

[304] Heute Tevlinasar: TK Aydın Iş/14-15; Tarihte Türkiye EC; PATON, Sites in E. Karia 57f.; PIMOUGUET-PÉDARROS, Défense 304, 312.

[305] AREL, Cihanoğlu 256f.

Die Kuyruklu Kalesi, sw. von Yusufca am Ostrand der Ebene von Mylasa, liegt auf einem etwa 410 m hohen Bergkegel, hat eine spätklassisch-hellenistische und eine byzantinische Bauphase und war mit ihren zahlreichen Häusern dauernd besiedelt[306]. Von hier aus konnte man einen Weg überblicken, der parallel zum Tal des Sarı Çay (Keniōs) nach Nordosten in die Türbe Ovası mit Hiera Kōmē führte (s. o.). Von dort kam man weiter nach Alinda oder Alabanda. Diesen Weg nutzte im Jahre 40 v. Chr. vermutlich Labienus, der nach der Eroberung von Alabanda auch Mylasa eroberte und zerstörte[307]. Am s. Ende der Türbe Ovası, wo heute der Staudamm steht, zweigte von der Straße durch das Sarı Cay-Tal eine Straße über Katrancı nach Lagina ab. Der alte Name für die Kuyruklu Kalesi könnte Trobalissos gewesen sein, denn in einer Pachturkunde aus Mylasa (2. Jh. n. Chr.) wird offensichtlich als Grenze des Ombianon Pedion im Süden von Mylasa (s. u.) die Straße nach Trobalissos genannt (ἕως τῆς Τροβαλισσικῆς ὁδοῦ)[308].

Die kleine, ebenfalls spätklassisch-hellenistische Festung (mit Dauerbesatzung?) auf dem Beşiktaş Tepesi[309] kontrollierte die Straße nach Stratonikeia (Route 8).

Die riesige Festung auf den beiden, etwa 500 m hohen s. Gipfeln des dreigipfeligen Sodra Dağı lag oberhalb der Straße, die in sw. Richtung die Ebene verließ und durch einen Engpass zu Mylasas Hafen Passala führte, wo sie Anschluss an die „Küstenstraße" nach Halikarnassos (Route 1) fand. Sie hat etwa 2,5 km lange sogenannte Lelegermauern aus archaischer Zeit und war eine Fluchtburg ohne dauernde Besiedlung[310] Die kleine Festung auf dem Nordgipfel konnte gemeinsam mit der gegenüberliegenden Festung auf dem Hıdırlık Tepesi den Weg nach Iasos kontrollieren. Sie war wohl immer nur ein „Aussichtsposten", in dem sich im Mittelalter ein kleines Kloster (?)[311] mit zahlreichen Zisternen etablierte[312].

Die Straße von Mylasa nach Passala ist auch durch einen Meilenstein (Nr. 13.2.) bezeugt, der 7 Meilen von Mylasa entfernt, also etwa in der Mitte zwischen Mylasa und Passala gefunden wurde und Chresimus *libertus procurator a marmoribus* nennt, der auch Straßen wiederherstellte. Die Straße von Mylasa zu seinem Hafen Passala diente daher wohl auch dem Export des Marmors aus den Marmorsteinbrüchen in der Umgebung von Mylasa. Sie führte wahrscheinlich zunächst als Prozessionsstraße zum Tempel des Zeus Osogō im Südwesten der Stadt am Fuße des Sodra Dağı[313] und dann in den Engpass, der die Ebene von Mylasa von der *Mikra Thalassa* mit dem Hafen von Passala trennt, der an der „Küstenstraße" lag. Dieser Engpass heißt im Itinerar des Evliya Çelebi Savaralas Boğazı, abzuleiten von einem Ort Sıravala, Saravalos (bei Ḥāǧǧī Ḫalīfa), zwischen Peçin (Beçin) und Varvıl Tuzlası (Saline von Bargylia)[314]. Im türkischen Segelhandbuch von 1521 wird nach diesem Ort (Syrawalos, Sirevilos) die Küste der großen Meeresbucht zwischen Iasos und Bargylia benannt, die in der Antike Bargyliakos oder Iasikos Kolpos hieß (heute Güllük Körfezi, früher Golf von Mendelya), deren innerste Bucht die *Mikra Thalassa* war[315]. Saravalos könnte an ein fränkisches *Serravalle* erinnern[316], ein Zusammenhang mit Strobilos[317] ist jedoch auszuschließen, da

306 W. Radt, Kuyruklu Kalesi. *Ist. Mitt.* 19/20 (1969/1970) 165–176; Rumscheid, Mylasas Verteidigung 214–217, Abb. 10–13; Rumscheid, Milas 1997. *AST* 16/2 (1998 [1999]) 172–175, mit Abb. 5–15 auf S. 179–184; Pimouguet-Pédarros, Défense 104, 181 *et passim*; Ruggieri – Acconci – Featherstone, Amboni carî Fig. 33 (Mauer mit Zinnen im Westen), Ruggieri, Caria 202, Fig. IV/1 (Mauer mit Zinnen) und IV/2 (aus dem anstehenden Fels geschlagener Hohlweg von der Burg ins Tal).

307 Cassius Dio 48, 26; Strabōn 660, XIV 2, 24; Fabrice Delrieux – Marie-Claire Ferries, Euthydème, Hybréas et Mylasa: Une cité grecque de Carie dans les conflits romains de la fin du Ier siècle A.C. *REA* 104 (2004) 50 (Fig. 1), 67–69.

308 Blümel, Ortsnamen 181; Blümel, Mylasa I 214.12; Trobalissos zu ergänzen vielleicht in 213.17: [τῆς ὁδοῦ τῆς εἰς Τροβαλισ]σον φε[ρούσης.

309 Rumscheid, Mylasas Verteidigung 207, Abb. 1, 217–219, Abb. 14–15.

310 Rumscheid, Mylasas Verteidigung 210–212, Abb. 4–6.

311 H. Ilias bei R. Kiepert, Karte von Kleinasien, Bl. Smyrna 1905, und in der Karte bei Philippson, Reisen V.

312 Rumscheid, Mylasas Verteidigung 220–222, Abb. 18–22.

313 Zur Lage vgl. Blümel, Mylasa I, S. 127, zum Zeus Osogōa H. Schwabl, Zeus. *RE* S 15 (1978) 1469. Der Tempel ist gemeinsam mit dem von Labraunda als einer der beiden Zeus-Tempel von Mylasa bei Strabōn 659, XIV 2, 23 genannt.

314 Wittek, Mentesche 166.

315 Kahle, Piri Re'īs 69 (Syrawalos); Pîrî Reis 2, 477 (Sirevilos).

316 G. Traina in: Sinus Iasius I.9, 969.

317 So Foss, Strobilos 152f. (Sirevolos), 153, A. 30 (Muvalasun).

Strobilos schon am Kerameikos Kolpos gegenüber von Kōs liegt und bei Evliya Çelebi Aspat, bei Pīrī Re'īs Usput Kal<sup>c</sup>esi heißt[318]. Nördlich vom südlichen Ausgang des Passes liegt heute das Dorf Savran[319]. Der Name des Passes könnte aber auch von griechisch στὴν Βαργυλίαν „Pass nach Bargylia" abzuleiten sein[320].

Die weithin sichtbare, auf einem markanten Felsstock in etwa 200 m Höhe gelegene Beçin Kalesi schließlich beherrschte die Engstelle, aus der die Route 3 das Becken von Mylasa in Richtung Halikarnassos verließ. Beçin Kalesi war wie die Kuyruklu Kalesi dauernd besiedelt und reicht den Funden nach bis in archaische Zeit zurück, war also gleich alt wie Mylasa und ist wohl nicht Vorgänger von Mylasa[321]. Auf antiken Fundamenten aus spätklassisch-hellenistischer Zeit entstand eine reduzierte byzantinische Burg[322], vielleicht auch Sitz des Strategen des Themas Mylasa, die zur Residenz der Menteşe-Dynastie wurde[323]. Reste von Tempelfundamenten sind im Torweg der byzantinischen Burg erhalten. S. unterhalb der Burg entstand eine Stadt mit Stadtmauern[324]. In der Stadt Peçin *(in la citade Pezona)* wurde 1414 ein Vertrag zwischen den Venezianern und dem Emir Elyas von Menteşe unterzeichnet[325]. Milas und Beçin bildeten also noch im 15. Jh. wie in der Antike das Zentrum Kariens[326]. Der antike Name von Beçin Kalesi war wahrscheinlich Omba[327], Zentrum der „Ombianischen Ebene" (*Ombianon Pedion*), die mehrfach in Pachturkunden aus Mylasa aus dem 2. Jh. n. Chr. erwähnt wird[328] und demnach im Süden von Mylasa lag. Diese Urkunden bezeugen auch die Leukē Kōmē im Ombianon Pedion, wo Hagios Ephraim, einer der ersten Bischöfe von Mylasa, bestattet wurde[329]. Leukē Kōmē lag vermutlich in der Ebene nördlich von Beçin Kalesi im Ortsgebiet des heutigen Beçinköy, wie archäologische Funde nahelegen[330]. Demnach könnte die urkundlich bezeugte Straße von Omba nach Leukē Kōmē (καὶ πέραν τῆς ὁδοῦ τῆς απ' Ὄμβων εἰς Λευκὴν Κώμην φερούσης)[331] ein Teil der Straße von Mylasa nach Halikarnassos bzw. Keramos gewesen sein.

Von der Straße, welche die Ebene von Mylasa ö. unterhalb von Beçin Kalesi verließ, zweigt nach etwa 1 km eine Straße nach Osten ab, die über Aşağı Kalınağıl nach Yukarı Kalınağıl führt, wo, 10 km nach der Abzweigung von der Straße Milas–Keramos am Ortsende von Aşağı Kalınağıl nördlich der heutigen Straße auf einem Hügel oberhalb eines Bauernhofes die Ruinen des Sinyri-Tempels erhalten sind[332]. In dort gefundenen Inschriften wird die Straße nach Hiera Kōmē (τῆς ὁδοῦ τῆς ἐφ' Ἱερᾶς Κώμης φερούσης) erwähnt[333].

---

318 WITTEK, Mentesche 172; KAHLE, Piri Re'īs 71.

319 TK Aydın 14/15.

320 Analogie zu Sidrova = Derbē in Lykaonien (*TIB* 4): R. DESCAT, E-Mail 3. April 2010.

321 So COOK, Milesian Territory 98–101; BEAN, Maeander 51–53. Vgl. dagegen RUMSCHEID, Mylasas Verteidigung 207.

322 RUMSCHEID, Mylasas Verteidigung 219–220, Abb. 16–17.

323 WITTEK, Mentesche 127–129 *et passim*; E. MERCIL, Menteshe-Eli und Menteshe-Oghullari, *EI* nouv. éd. 6 (1991) 1009–1011.

324 Ein Führer durch die Ruinen wurde 2006 von der Gemeinde Beçin herausgegeben: Menteşe Beyliği Başkenti – The Capital of the Menteshe Emirate – Beçin. – Spätbyzantinische Kirche: ZÄH, Typologie 92f.

325 Elizabeth A. ZACHARIADOU, Trade and Crusade. Venetian Crete and the Emirates of Menteshe and Aydin (1300–1415). Venedig 1983, 239.

326 Im Zuge der Grabungskampagne von Prof. R. Ünal (Ege Universität Izmir) in Beçin kam ein Münzschatz von 30 kg osmanischen und europäischen Silbermünzen ans Tageslicht. Der Schatzfund (Enddatum ca. 1610 n. Chr.) besteht aus etwa 60.000 Münzen, zum weitaus größten Teil Akces (Kleinsilbermünzen) der Sultane Murad III. (AH 982–1003; AD 1574–1595), Mehmed III. (AH 1003–1012; AD 1595–1603) und Ahmed I. (AH 1012–1026; AD 1603–1617). Daneben sind auch Dirhams und Madinis dieser Prägeherren in geringer Zahl vertreten. Kostantiniye (Istanbul) stellt die häufigste Münzstätte dar, es finden sich aber nahezu alle bisher bekannten Prägeorte dieser Epoche wieder: R. H. ÜNAL – F. KRINZINGER – M. ALRAM – S. PEIFFER-TAS (Hrsg.), Der Münzschatz von Beçin (*Denkschr. ÖAW*, phil. hist. Kl. 396). Wien 2010.

327 BLÜMEL, Ortsnamen 176.

328 BLÜMEL, Mylasa I 204.6, 207.7, 211.9, 213.6, 214.1.10, 215.8, 216.4, 230.3, 762; II, S. 3, Nr. 207B.12.

329 S. Eusebiae seu Xenae vita, *Analecta Bollandiana* 56 (1938) 112, c.12, 114, c. 17 (RUGGIERI, Caria 209f.).

330 RUGGIERI, Caria 204f. (= *OCP* 68 [2002] 79); vgl. RUGGIERI – ACCONCI – FEATHERSTONE, Amboni carî Fig. 17, 18

331 BLÜMEL, Mylasa I 217.15.

332 L. ROBERT, Le sanctuaire de Sinuri près de Mylasa I. Les inscriptions grecques (*Mémoires de l'Institut français d'archéologie de Stamboul* VII). Paris 1945; P. DEVAMBEZ avec la collaboration de Émilie HASPELS, Le sanctuaire de Sinuri près de Mylasa II. Architecture et céramique (*Bibliothèque archéologique et historique de l'Institut français d'archéologie d'Istanbul* VIII). Paris 1959; HELD, Gergakome 166f.

333 ROBERT, a. O. 77f., (Nr. 47a), 81 (Nr. 47b), 88 (Nr. 53), 89 (Nr. 56?), 90 (Nr. 60).

Kalınağıl hieß demnach ebenfalls Hiera Kōmē, wie die Siedlung in der Türbe Ovası zwischen Labraunda und Alinda. Die Straße nach Hiera Kōmē verlief wohl ähnlich wie die heutige von Beçin kommende Straße, an der noch drei osmanische Kuppelzisternen erhalten sind. In Aşağı Kalınağıl steht auf der nördlichen Seite eines Trockenbaches (ποταμός in den Inschriften) roter Marmor an, der das Material für den Sinyri-Tempel lieferte und noch heute gebrochen wird. Die osmanischen Kuppelzisternen weisen ebenso wie ein spätklassisch-hellenistischer Turm in Aşağı Kalınağıl[334] auf die erhebliche Bedeutung dieser Straße in früheren Zeiten hin. Möglicherweise gab es eine Verbindung zur Straße Mylasa–Stratonikeia (Route 8), die über Bencik führte. Der Sinyri-Tempel war dann sowohl von Mylasa als auch von Stratonikeia aus gut erreichbar. Auch im Sinyri-Tempel wurde wie in vielen anderen karischen Tempeln in byzantinischer Zeit eine Kirche aus Spolien errichtet[335], die aufgrund ihrer relativ großen Dimensionen als Wallfahrtsstätte gedeutet werden kann.

Die Straße nach Halikarnassos führte von Beçin direkt nach Süden in die Ebene von Ulaş mit Kasōssos, einer Gemeinde (κώμη) mit Tempel des Zeus von Kasōssos (ἱερὸν τοῦ Διὸς τῶν Κασωσσέων)[336], die noch zu Mylasa oder schon zum benachbarten Hydissos gehörte. Dort wurde unmittelbar neben den Ruinen einer byzantinischen Kirche ein beschrifteter Block aus blauem Marmor gefunden, der wohl zum Zeus-Tempel gehörte[337].

S. von Kasōssos schwenkte die Route 3 nach Südwesten, wo am Ende einer breiten und fruchtbaren Ebene sö. oberhalb von Karacahisar auf dem Asar Tepe die Polis Hydissos mit frühhellenistischer Stadtmauer, Theater zwischen den beiden Stadthügeln und Agora mit Stoas lag[338], während in s. Richtung eine durch die Meilensteine von Sekköy (Nr. 15.1.–15.5.) gut bezeugte Route nach Keramos (in 15.3. ist Keramos als *caput viae* genannt) über Dereköy an die „Küstenstraße" führte (anders als die moderne Asphaltstraße weiter w. über das Kohlekraftwerk).

Die Straße von Hydissos nach Halikarnassos verlief sicher durch die Karaova, die zentrale Ebene in der Halbinsel von Halikarnassos mit Mumcular (früher Karaova) als Zentrum. Einige archäologische Zeugnisse weisen auf den wahrscheinlichen Verlauf zwischen Hydissos und der Karaova hin. So ist zwischen Hydissos und Ulupınar unter dem heutigen Weg noch die alte bis zu 4,50 m breite Pflasterstraße mit Stützmauern erhalten (vergleichbar mit den Straßenstücken von Yukarı Mazı nach Aşağı Mazı [Abb. 6] oder bei Kayaköy/Kayaönü an der „Küstenstraße" zwischen Halikarnassos und Keramos)[339]. Von Ulupınar Mahallesi, w. von Ulupınar, wo unweit nördlich einer osmanischen Kuppelzisterne byzantinische Mauerreste erhalten sind und sich antike Terrassenmauern an den Hängen zeigen[340], erreichte man Çiftlikköy, eine antike Siedlung mit den Ruinen einer byzantinischen Kirche[341]. Von Çiftlik nach Süden führte eine Passstraße über Fesleğen nach Gökbel (Bargasa)[342] an der „Küstenstraße". Auch in Fesleğen, das wie heute das Zentrum der Region s. von Hydissos war, finden sich die Ruinen einer byzantinischen Kirche[343]. Im Pass s. von Fesleğen steht noch eine osmanische Kuppelzisterne mit antiken Spolien[344]. Den weiteren Straßenverlauf in die Karaova und nach Halikarnassos bezeugt vielleicht ein repräsentatives Gebäude (Flurname Kirse Yanı, Abb. 35) im Sarıkavak Deresi s. von Gökpınar (früher Hatipler). Es hatte zwei Geschoße, 350 m$^2$ Grund-

---

334 F. Rumscheid, Milas 1997. *AST* 16/2 (1998 [1999]) 175; Pimouguet-Pédarros, Défense 309f. (tour de Kassil Alik), 314; H. Lohmann, Risultati di una *survey* condotta nella penisola di Kazıklı, in: *La parola del passato* 60 (2005) 347 (*una fattoria torre*).

335 Bekannte Beispiele die Kirche im Aphrodite-Tempel von Aphrodisias, die Kirche im Apollo-Tempel von Didyma oder die Kirche im Asklepieion von Milet. Vgl. dazu F. W. Deichmann, Frühchristliche Kirchen in antiken Heiligtümern. *JbDAI* 54 (1939) 128–130, Nr. 57, 61, 65. – Zu den Mosaikinschriften und Mosaiken in der Sinyri Kirche vgl. nun auch Scheibelreiter, Stifterinschriften 63–65, Nr. 26–27 *et passim* und Scheibelreiter-Gail, Mosaiken 378–380 *et passim*, Abb. 589–605.

336 H. Schwabl, Zeus. *RE* S 15 (1978) 1156; Blümel, Mylasa II 941, als κώμη 943 genannt.

337 Blümel, Mylasa II 122f., Nr. 942; zur Kirche: Zäh, Typologie 71 mit Abb. 184.

338 G. E. Bean, Hydisos. *PECS* 399f.; Blümel, Mylasa II, S. 129f. mit Quellen und weiterer Literatur.

339 Ruggieri, Keramos 226, Abb. SM1.

340 Ruggieri, Keramos 225f.

341 Blümel, Mylasa II, S. 131, Nr. 954 (christliche Inschrift); Ruggieri, Keramos 225, 228; Caria 59, 91.

342 Vgl. Ruggieri, Keramos 63, A. 40.

343 Information von R. Descat, E-Mail 22. März 2010.

344 Bereisung 2007.

fläche und wird durch eine Inschrift als Residenz eines kaiserlichen Würdenträgers des 6. Jhs. n. Chr. ausgewiesen[345]. Von hier zweigte eine Verbindung über den Dana Tepe zur „Küstenstraße" nw. von Yukarı Mazı ab[346]. Vielleicht diente dieses Gebäude auch zur Überwachung dieser Weggabelung.

An der alten, heute noch genutzten Straße von Mumcular (Karaova) nach Bodrum lag bei Etrim die Polis Theangela[347]. Hier sind noch alte Straßenreste, flankiert von Gräbern, erhalten[348], ebenso wie im Pass ö. von Çilek, der nach Kızılağaç führt (osmanische Kuppelzisterne mit alter Pflasterstraße), wo man die „Küstenstraße" nach Halikarnassos (Route 1) erreichte.

## Route 4. Die Straße durch das Marsyas-Tal über Alabanda, Lagina, Stratonikeia, Panamara, Pisyē, Thēra und Ula zur „Küstenstraße" nach Physkos

Diese Straße ist sowohl in der antiken Geographie[349], wie auch durch Meilensteine gut bezeugt, die bei Alabanda (Nr. 16) und Lagina (Nr. 17.1–3) gefunden wurden. Sie war als überregionale Straße von Asia nach Lykia die wichtigste und kürzeste Nord–Süd-Verbindung durch Karien.

Die Route 4 zweigte in Tralleis (Aydın) von der von Ephesos kommenden Fernstraße am Nordufer des Mäander ab. Eine Brücke über den Mäander gab es in der Antike offensichtlich nicht, ebenso wenig eine brauchbare Furt, denn Konsul Cn. Manlius Vulso musste 189 v. Chr. auf seinem Marsch durch Karien, von Magnēsia kommend, den Mäander auf Schiffen überqueren, um Hiera Kōmē (zwischen Alabanda und Lagina) zu erreichen[350]. Nach Überquerung des Flusses führte die Straße zunächst am rechten (ö.) Ufer des Marsyas/Çine Cayı bis Cumalı. Gegenüber von Cumalı liegt an der W-Seite des Marsyas-Tales nördlich der Einmündung eines von Westen kommenden Baches eine mittelalterliche Burg[351], welche der Überwachung dieser wichtigen Nord–Süd-Verbindung durch Karien nach Lykien diente[352], die bis in die osmanische Zeit von großer Bedeutung war[353]. Bei Cumalı muss die antike Straße den Marsyas überquert haben, da ein dort gefundener Meilenstein (Nr. 16) 5 Meilen Entfernung von Alabanda angibt, was der tatsächlichen Entferung (9 km Luftlinie) entspricht.

Alabanda, eine der bedeutendsten Städte Kariens[354], in byzantinischer Zeit Bistum[355], lag an einer Kreuzung zwischen einer West–Ost-Route von Milet über Hērakleia und Alinda nach Hyllarima (Route 7) und der Nord–Süd-Verbindung durch das Marsyas-Tal.

Nächste Station der Nord–Süd-Verbindung war Lagina, ausgewiesen durch Meilensteine, die in Bağcılar (früher Gibye), 2 km ssö. von Lagina (Turgut, Leyna) gefunden wurden (Nr. 17.1–3.). Meilenstein Nr. 17.2. gibt 8 und Meilenstein Nr. 17.3. sieben Meilen Entfernung von Stratonikeia an. Von Alabanda kam man zunächst in sö. Richtung über Kargı an den Akçaova Çayı und diesem Bach entlang nach Akçaova. Etwa 2 km vor Akçaova überquert eine osmanische Brücke den Bach, vermutlich die alte Verbindung von Akçaova

345 Ph. NIEWÖHNER, Kirse Yanı – Eine byzantinische Residenz im karischen Bergland. DAistanbul 6 (2008) 18. In der Inschrift ist ein *lamprotatos kōmēs* genannt (Information von R. DESCAT, E-Mail 17. März 2010). Grundriss und Rekonstruktion bei Ph. NIEWÖHNER, Andriake in byzantinischer Zeit, in: M. SEYER (Hrsg.), 40 Jahre Grabung Limyra. Akten des Internationalen Symposions Wien, 3.–5. Dezember 2009, Wien 2012, 223–240.

346 Information von R. DESCAT, E-Mail 22. März 2010.

347 G. E. BEAN, Syangela later Theangela. *PECS* 869; BEAN, Maeander 128–134.

348 W. R. PATON – J. L. MYRES, Karian Sites and Inscriptions (I). *JHSt* 16 (1896) 198; BEAN – COOK, Halicarnassus Peninsula 131.

349 Strabōn XIV 2, 29 (663): Φησὶ δὲ Ἀρτεμίδωρος ἀπὸ Φύσκου τῆς Ῥοδίων περαίας ἰοῦσιν εἰς Ἔφεσον μέχρι μὲν Λαγίνων ὀκτακοσίους εἶναι καὶ πεντήκοντα σταδίους, ἐντεῦθεν δ᾿ εἰς Ἀλάβανδα πεντήκοντα ἄλλους καὶ διακοσίους, εἰς δὲ Τράλλεις ἑκατὸν ἑξήκοντα· ἀλλ᾿ ἡ εἰς Τράλλεις ἐστὶ διαβάντι τὸν Μαίανδρον κατὰ μέσην που τὴν ὁδόν, ὅπου τῆς Καρίας οἱ ὅροι· γίνονται δ᾿ οἱ πάντες ἀπὸ Φύσκου ἐπὶ τὸν Μαίανδρον κατὰ τὴν εἰς Ἔφεσον ὁδὸν χίλιοι ἑκατὸν ὀγδοήκοντα; vgl. BROUGHTON, Asia Minor 863.

350 Livius XXXVIII 12, 9–10: Consul … cum omnibus copiis ad Maeandrum progressus castra posuit, quia vado superari amnis non poterat et contrahendae naves erant ad exercitum traiciendum. Transgressi Maeandrum ad Hieram Comem pervenerunt.

351 PHILIPPSON, Reisen V 13, 39.

352 Vgl. BROUGHTON, Asia Minor 863; PESCHLOW-BINDOKAT, Latmos 3.

353 Vgl. TAESCHNER, Wegenetz 173f.

354 BEAN, Maeander 180–189; G. E. BEAN, Alabanda. *PECS* 28f.; HELD, Gergakome 5f.

355 Zu den christlichen Denkmälern: V. SCHULTZE, Altchristliche Städte und Landschaften II: Kleinasien. Gütersloh 1926, 167.

nach Eskiçine[356]. Von Akçaova führte die Straße nach Lagina an den Hängen des Gökbel über Sarıköy mit einer antiken Siedlung und einem Kastron auf dem Sarı Dağ[357] nach Söğütcük. Hier ist noch ein Stück der osmanischen Straße nach Muğla erhalten (Abb. 36); sie verlief nicht wie die bis vor Kurzem noch genutzte türkische Staatsstraße, die erst zu Beginn des 20. Jhs. gebaut wurde[358], durch das Tal des Marsyas, sondern von Eskiçine über Akçaova und die Osthänge des Gökbel nach Süden[359]. Von Söğütcük kam man vermutlich über Hisarardı und Hacıbayramlar[360] nach Lagina bei Turgut, früher Leyna[361].

Lagina hatte mit seinem Hekatē-Tempel als Wallfahrtsstätte überregionale Bedeutung und behielt diese in byzantinischer Zeit als vielbesuchte Pilgerstätte[362]. Der Hekatē-Tempel[363] wurde zu einer Kirche, an den monumentalen Altar im Osten des Tempels wurde eine Kapelle aus Tempelspolien angebaut (Abb. 37). Sowohl in die Stufen des Propylons als auch in die Tempelstufen wurden zahlreiche Graffiti mit Kreuzen und Inschriften eingeritzt, darunter viele mit den Konturen von Füßen (Abb. 38)[364]. Die Tempelstätte war ein Dēmos von Stratonikeia und mit diesem durch eine *Heilige Straße* verbunden, von der nur noch wenig erhalten ist[365].

Stratonikeia[366], als *caput viae* in einem Meilenstein von Lagina genannt (Nr. 17.3.) liegt an der Straße von Milas nach Yatağan (Route 8) im heute großteils verlassenen Eskihisar[367]. Die antike Stadt lebte als byzantinisches Bistum weiter. Das prachtvolle Gymnasium wurde zu einem Kastron umgebaut[368]. Zahlreiche Graffiti, darunter auch Kreuzgraffiti, wurden in die Trümmer der alten Stadt geritzt, so im Buleutērion[369] und im Stadttor, durch das die von Lagina kommende Straße die Stadt erreichte. Diese Graffiti stammen vermutlich von Pilgern, die das Grab der Martyrer Trophimos und Thallos in einer Marienkirche aufsuchten, die in der Nähe von Steinbrüchen, eine Meile vor der Stadt lag; am Todestag der Martyrer feierte man eine *Panēgyris* (Jahrmarkt)[370]. Eine Apostelkirche ist inschriftlich bezeugt[371]. In Stratonikeia gab es neben dem erhaltenen Theater vielleicht auch ein Amphitheater oder eine Gladiatorenschule, da bei Grabungen im Bereich des Braunkohlekraftwerks nördlich der Stadt viele Gladiatorenreliefs gefunden wurden, die nun in einem eigenen Saal im Archäologischen Museum von Muğla ausgestellt sind[372]. Inschriften nennen die byzantinische Zirkuspartei der *Prasinoi*[373]. Ein Siegel des 9./10. Jhs. bezeugt einen *Basilikos spatharios kai dioikētēs* von

---

356 Vermutlich der bei KUBITSCHEK – REICHEL, Reise in Karien und Phrygien 99, genannte „mächtige Brückenbau auf dem Wege von Eski Tschinar nach Körestan". PHILIPPSON, Reisen V 17: eine antike, auf Bogen geführte Wasserleitung ist sichtbar. Eine mittelalterliche Brücke überspannt den Fluss, der stellenweise unter den Granitblöcken verschwindet, und bezeugt die alte Bedeutung des Weges.

357 KUBITSCHEK – REICHEL, Reise in Karien und Phrygien 99.

358 PHILIPPSON, Reisen V 39.

359 Die neue türkische Schnellstraße Aydın–Muğla verläuft ebenfalls an den Hängen des Gökbel nach Söğütcük.

360 So im Barrington Atlas Map 61. Zu einem Felsgrab in Hisarardı vgl. ROOS, Survey 15f.

361 Laufende Grabungsberichte in den *KST* 14ff. von A. A. TIRPAN – B. SÖĞÜT, zuletzt *KST* 32/2 (2010 [2011]) 374–395; P. BAUMEISTER, Der Fries des Hekateions von Lagina (*Byzas* 6). İstanbul 2007; HELD, Gergakome 167–169.

362 RUGGIERI, The Carians 215f.

363 Hekatē-Kult: RUGGIERI, Karien 151.

364 RUGGIERI, Caria 100–104; RUGGIERI, Annotazioni Tav. X.

365 BEAN, Maeander 98 (Sacred Way six miles long, of which only the scantiest traces remain); G. E. BEAN, Lagina. *PECS* 477; RUGGIERI, Caria 58, 61.

366 BEAN, Maeander 88–93; G. E. BEAN, Stratonikeia. *PECS* 861.

367 Zur Geschichte und den Denkmälern der Stadt: Hakan MERT, Zur hellenistischen und kaiserzeitlichen Bauornamentik von Stratonikeia (*Istanbuler Forschungen* 50). Tübingen 2008.

368 RUGGIERI, Caria 97–100, zu den christlichen Denkmälern im Gymnasium.

369 RUGGIERI, Annotazioni 97, Tav. VI, S 3.

370 LAKE, Dated Manuscripts V 176 (Cod. Paris. gr. 1617), Indices 109, aus dem Jahr 1071 n. Chr. In einem späteren Zusatz steht: τη αυτη ημερα των αγιων μαρτυρων · τροφιμου θεοφιλου και θαλλου των εν στρατονικαια · καμενων προ μιλιον ενοσ εν τοισ λατομιοισ εν τω ναω τησ θεοτοκου τω λεγομενω, η αγια υπακοη · ενθα τελειται πανηγυρισ δημοσια. Synax. Cpl. 527–530 berichtet, dass Trophimos und Thallos unter Kaiser Diokletian im phrygischen Laodikeia das Martyrium erlitten und ihre Reliquien nach Stratonikeia überführt und eine Meile vor der Stadt beigesetzt wurden; vgl. RUGGIERI, Caria 114, A. 158, RUGGIERI, Karien 158, und RUGGIERI, Annotazioni 99.

371 GRÉGOIRE, Recueil 243 = ŞAHİN, Stratonikeia II/1 1059; RUGGIERI, Karien 162.

372 G. STAAB, Zu den neuen Gladiatorenmonumenten aus Stratonikeia in Karien. *ZPE* 161 (2007) 35–46.

373 GREGOIRE, Recueil 243 *bis*; ŞAHİN, Stratonikeia II/1 1020.

Stratonikeia, also einen hohen Beamten, der für die Eintreibung der Steuern zuständig war[374]. Es ist allerdings nicht schlüssig nachzuweisen, ob es sich hier, wie auch beim Grab der beiden Martyrer, um das karische oder (eher unwahrscheinlich) lydische Stratonikeia handelt.

Stratonikeia war auch ein Straßenknotenpunkt, denn hier kreuzte sich die Nord–Süd-Verbindung durch Karien mit einer West–Ost-Verbindung (Route 8), die von Mylasa kam und von hier gemeinsam mit der Route 5 über Kys und Xystis in das Harpasos-Tal und von dort nach Aphrodisias führte[375].

Von Stratonikeia führte über Bozhüyük eine *Heilige Straße* nach Süden zum Zeus-Tempel von Panamara[376]. Bozhüyük, heute ein Ausflugsziel mit üppiger Vegetation und sprudelnden Quellen, war in osmanischer Zeit eine Station auf dem Weg über den Gökbel nach Muğla[377]. Die antike Straße verlief jedoch wahrscheinlich von Stratonikeia über Panamara, Pisyē (früher Pisiköy, jetzt Yeşilyurt)[378] und Thēra (Yerkesik)[379] nach Ula[380]. Pisyē war eine alte karische *Polis*, in einem Koinon mit Pladasa vereint, das auch Schiffswerften (νεώρια) baute[381], und ist noch bei Konstantin Porphyrogennētos als *Polis* erwähnt[382]. Thēra war ebenfalls eine alte karische Stadt, die einem Koinon vorstand[383]. In Thēra mündete die „Küstenstraße" und in Ula die aus dem Morsynos-Tal, von Aphrodisias und Tabai kommende Straße (Route 6) ein. Von Ula kam man in sö. Richtung über Kallipolis bei Karabörtlen[384] nach Köyceğiz und Kaunos[385] oder in südlicher Richtung gemeinsam mit der „Küstenstraße" über den Sakar Geçidi-Pass nach Idyma und von dort einerseits, der „Küstenstraße" folgend, in sw. Richtung nach Physkos und in die karische Chersones oder nach Kaunos, bzw. in sö. Richtung über Kallipolis ebenfalls nach Köyceğiz und Kaunos.

## Route 5. Die Straße durch das Harpasos-Tal über Harpasa, Neapolis und Hyllarima bzw. Xystis nach Stratonikeia und weiter nach Lykien

Diese Straße ist zwar nicht durch Meilensteine zu bezeugen, muss aber vorausgesetzt werden, um die Bistümer Harpasa, Neapolis und Hyllarima an das karische Straßennetz anzubinden. Auch Brückenreste sind bekannt.

Von Mastaura (Nazilli) am Nordufer des Mäander folgte die Route 5 nach Überquerung des Mäander (eine alte Brücke ist dort nicht bekannt) dem rechten (ö.) Ufer des Harpasos (Akçay)[386] zur Stadt Harpasa, heute Arpaz Kalesi, mit Stadtmauern, byzantinischer Festung, Theater und Agora ö. oberhalb von Arpaz (heute Esenköy)[387]. Am Fuß des Burgberges steht ein mächtiges Turmgehöft (Bey Konağı), dessen Grundmauern

---

374 Nesbitt – Oikonomides, Catalogue III 108.

375 Vgl. Held, Gergakome 7.

376 Bean, Maeander 99; Ruggieri, Caria 58f., Abb. II/4. Diese Straße vermutlich erwähnt in einer Inschrift aus Panamara: θεὶς δὲ ἐν τῇ ὁδῷ πάσῃ ἡλικίᾳ γλυκύν τε καὶ οἶνον ἀδιαλείπτως, G. Deschamps – G. Cousin, *BCH* 11 (1887) 380, 382f.; Şahin, Stratonikeia I 203.

377 Taeschner, Wegenetz 173. – Auch Fellows, Lycia 282, reiste über Bozhüyük *(Bozuke)* nach Muğla.

378 J. Keil, Pisye. *RE* 20/2 (1950) 1838; Bean, Maeander 154f.; P. Brun, in: Debord – Varinlioğlu, Carie 26–29.

379 W. Ruge, Thera 2). *RE* 5A/2 (1934) 2302f.; Bean, Maeander 154f.; Blümel, Rhod. Peraia S. 163–165; P. Brun, in: Debord – Varinlioğlu, Carie 32–36; Roos, Survey 23–25.

380 Blümel, Rhod. Peraia 721–722; P. Brun, in: Debord – Varinlioğlu, Carie 29; A. Bresson – P. Brun – E. Varinlioğlu, in: Debord – Varinlioğlu, Carie192–193, Nr. 66–67; Roos, Survey 42–44 (Felsgräber).

381 Blümel, Rhod. Peraia S. 166–172; A. Bresson – P. Brun – E. Varinlioğlu, in: Debord – Varinlioğlu, Carie 87 (Karte), 95–133, Nr. 1–30.

382 Kōnst. Porph., De them. 79. 34.

383 A. Bresson – P. Brun – E. Varinlioğlu, in: Debord – Varinlioğlu, Carie 83, 87 (Karte), 153, Nr. 42, 174–180, Nr. 53–60.

384 Bean – Cook, Carian Coast 65f., 59 (Karte), 81–85; Bean, Maeander 155f.; G. E. Bean, Duran Çiftlik. *PECS* 287; Blümel, Rhod. Peraia S. 157f.; Pimouguet-Pédarros, Défense 406f.; Descat, Forteresses 207–210 sucht dagegen Kallipolis an der Küste bei Ferek bzw. Çetibeli. Bei Fellows, Lycia 285, erscheint Karabörtlen als *Cagiolasolhucooe*, vielleicht eine Reminiszenz an Kallipolis.

385 Zur Strecke von Ula nach Köyceğiz: Cousin, Voyage 42f.

386 Robert, Asie Mineure 357–375; H. Kaletsch, Harpasos. *DNP* 5 (1998) 163.

387 Bürchner, Harpasa. *RE* 7/2 (1912) 2404–2405; Marchese, Northern Caria 116f. (plate 80, Theater, 81, spätantike Befestigung), 151; E. Varinlioğlu, *AST* 13/1 (1995 [1996]) 123–130; *KST* 18/2 (1996 [1997] 297–303, 306, Fig. 2 (Stadtplan); E. Varinlioğlu – P. Debord, *KST* 21/2 (1999 [2000]) 134–135; Debord – Varinlioğlu, Cités 21–117.

noch aus laskaridischer bzw. frühpalaiologischer Zeit stammen und zu einem befestigten Kloster oder Herrensitz gehört haben könnten[388].

Zwischen Harpasa und Neapolis lag auf der Westseite des Harpasos-Tales bei Kavaklı eine antike Siedlung mit unbekanntem Namen, die früher mit Bargasa identifiziert wurde. Im Dorf selbst sind zahlreiche monolithe Säulen von öffentlichen Gebäuden erhalten; ein freier Platz weist auf eine Agora, auf der Akropolis (Yel Kalesi) s. des Dorfes steht ein hellenistischer Turm[389]. Neapolis (İnebolu, Yazıkent) wurde als Aurelia Neapolis von Kaiser Antoninus Pius neu gegründet[390]. Die eher bescheidene Siedlung ist nicht näher erforscht, Terrassenmauern und Ruinen von spätantiken Bauten sind erhalten[391]. Zwischen 1189 und 1195 ist aber noch Leōn als Bischof von Neapolis bezeugt[392].

Von Neapolis führte die Straße auf der römisch-byzantinischen Mermer Köprü, von der 1978 nur noch wenige Reste zu sehen waren[393] über den Harpasos nach Bozdoğan. W. von Bozdoğan lag hoch oberhalb des Ortes eine kleine, nahezu kreisrunde vorgriechische Burg (heute Kale)[394], von der 2008 nichts mehr erhalten war.

In Bozdoğan zweigte von der Straße durch das Harpasos-Tal eine Straße ab, die weiter w. über Hyllarima nach Stratonikeia führte. Hyllarima lag in der Kapraklar Mahallesi von Derebağ, nö. von Çayboyu (auch Yeşilyurt, früher Mesevle)[395] und war, wie auch die Denkmäler und Inschriften (ein Theater, eine Agora, ein Buleuterion, eine Synagoge und Stadtmauern[396]) bezeugen, der zentrale Ort im karischen Hochland zwischen den beiden Flüssen Marsyas und Harpasos. Noch zwischen 1189 und 1195 als Bistum bezeugt, war es auch namengebend für einen Verwaltungsbezirk *(Katepanikion Larymos)*[397]. In Hyllarima, kreuzte die Route 5 die Ost–West-Verbindung, die von Hērakleia am Latmos über Amyzōn, Alinda und Alabanda kam (Route 7). Weiter s. traf in Kavaklıdere der w. mit dem ö. Ast der Route 5 zusammen.

Nächste Station der Straße, die von Bozdoğan weiter im Tal des Harpasos nach Süden führte, war Bargasa (zu unterscheiden vom westkarischen Bargasa an der Route 1). Bargasa lag auf der *Kale* von Çamlıdere bei Haydere, 11 km sö. von Bozdoğan[398]. Neben einem Theater und einem Gymnasium wurden unter einer dichten byzantinischen Überbauung mit Resten einer Kirche (?) zahlreiche Tempel gefunden, darunter ein Naos eines Zeus von Piginda (Pigindēnos). Osö. von Bargasa sind direkt an der Straße am Beginn der Harpasos-Schlucht in einer Flussschleife Ruinen erhalten, die nach dem nahen Dorf Amasya in der Antike wohl Amaseia hießen[399]. Auf dem zweigipfeligen Hügel sind in eine Mauer (aus großen, grob bearbeiteten Steinen mit kleinen Steinen in den Zwischenräumen und wenig Mörtel) ein halbrunder und ein rechteckiger Turm eingebunden[400]. 6 km sö. von Amasya überquerte den Akçay eine – inzwischen in dessen Stau-

---

388 SAGDIÇ, Aydın 118f., Abb. 186, 188; AREL, Cihanoğlu 257, 260 Fig. 22; THONEMANN, Maeander Valley 276; A. AREL, La période de la domination turque: Le village d'Arpaz et le „Domaine des Seigneurs", in: DEBORD – VARİNLİOGLU, Cités 101–115.

389 PATON, Sites in E. Karia 60f.; ROBERT, Asie Mineure 365–369; Marchese, Northern Caria 27, 100, 102, 149 (Bargasa); PIMOUGUET-PEDARROS, Défense 119–123, 317; DEBORD – VARİNLİOGLU, Cités 15, 126, 128, 134.

390 W. RUGE, Neapolis 12). *RE* 16/2 (1935) 2126; ROBERT, Op. min. sel. VI 697–703, bes. 699.

391 MARCHESE, Northern Caria 153.

392 *MM* IV 326 (GASTGEBER – KRESTEN Nr. 12).

393 TUNÇ, Taşköprülerimiz 140 (Nr. 165 auf der Karte).

394 PATON, Sites in E. Karia 61; nach KUBITSCHEK – REICHEL, Reise in Karien und Phrygien 99 byzantinisch, bei PHILIPPSON, Reisen V 15, 40 mittelalterlich.

395 TK Aydın Iu/20.

396 G. E. BEAN, Hyllarmia. *PECS* 400; P. BRUN, Les fortifications d'Hyllarima, Philon de Byzance et Pleistarchos. *REA* 96 (1994) 193–204; PIMOUGUET-PEDARROS, Défense 368f.; E. VARİNLİOGLU, Hyllarima yazıtlari. *AST* 18/1 (2000 [2001]) 271–273; E. VARİNLİOGLU – P. DEBORD, *AST* 19/2 (2001 [2002]) 151–156; *AST* 20/2 (2002 [2003]) 85–92; *AST* 21/1 (2003 [2004]) 65–74; *AST* 22/1 (2004 [2005]) 63–68; 2004. *AST* 23/1 (2005 [2006]) 117–122; *AST* 26/3 (2008 [2009]) 443–456; I.-J. ADIEGO – P. DEBORD – E. VARİNLİOGLU, La stèle caro-grecque d'Hyllarima (Carie). *REA* 107 (2005) 601–653.

397 *MM* IV 320 (GASTGEBER – KRESTEN Nr. 11).

398 ROBERT, Asie Mineure 365–371; E. VARİNLİOGLU, *KST* 18/2 (1996 [1997]) 300, 303–305 mit Stadtplan; 19/2 (1997 [1998] 195–202; P. DEBORD, *KST* 20/2 (1998 [1999]) 257f., 261; P. BRIANT – P. BRUN – E. VARİNLİOGLU, in: BRESSON – DESCAT (Hrsg.), Cités 241–259; DEBORD – VARİNLİOGLU, Cités 119–228, 351.

399 PATON, Sites in E. Karia 62: Asma kale.

400 Unpubliziertes Manuskript von Martin STYAN (Bratislava). Martin STYAN sei herzlich dafür gedankt, dass er dieses Manuskript zur Verfügung stellte.

see (Kemer Barajı) versunkene – Brücke (Abb. 39) den Fluss, die zu der Ost–West-Verbindung von Hyllarima in das Morsynos-Tal gehörte (Route 7). S. von Kemer fließt der Akçay durch eine Schlucht, die einen weiteren Straßenverlauf unmöglich machte. Um der Engstelle auszuweichen, bog die antike Straße daher nach Westen ab und erreichte über Xystis (Körteke)[401] und Kys (Bellibol, heute Çamyayla, mit Ruinen eines Theaters)[402] Kavaklıdere. In Körteke mündete die Route 7 aus Westkarien ein. Aus Kys stammt eine Inschrift, die einen Abt (ἡγούμενος) Methodios nennt[403]. Kys war mit seinem Theater und Kloster wohl ein regionaler Zentralort, möglicherweise mit einem der noch nicht identifizierten Bistümer gleichzusetzen (am ehesten Metaba). In Kavaklıdere traf man auf die w. Variante der Route 5 über Hyllarima. Am weiteren Weg nach Stratonikeia lag bei Elmacık (9 km nö. von Yatağan, früher Ahır, Achyr) vermutlich das *castellum* Astragon[404]. Von Stratonikeia führte die Straße aus dem Harpasos-Tal gemeinsam mit der Straße durch das Marsyas-Tal (Route 4) nach Südkarien und Lykien.

## Route 6. Die Straße von Antiocheia durch das Morsynos-Tal nach Aphrodisias, Hērakleia Salbakēs, Apollōnia, Sebastopolis und Kibyra mit einer Abzweigung nach Tabai, Mobōlla bzw. Ula und von dort weiter nach Lykien

Die Straße aus dem Mäandertal durch das Morsynos-Tal über die karische Hauptstadt Aphrodisias nach Pamphylien (Attaleia) bzw. Lykien (Physkos/Kaunos) gehörte, wie auch die Meilensteine (Nr. 18–23) zeigen, zu den bedeutendsten Straßen Kleinasiens, da sie seit der Antike auf dem kürzesten und leichtesten Weg die wichtigen Ägäis-Häfen (allen voran Ephesos, Smyrna und Milet) mit den asiatischen Provinzen im östlichen Mittelmeer verband[405]. Diese Landverbindung von Ägäis und Levante war notwendig, da der an sich effizientere Schiffsverkehr vor allem im Winter vermieden wurde (Zeit des *mare clausum* von November bis März[406]). Kaiser Trajan zog 113 auf diesem Weg nach Attaleia und Antiocheia gegen die Parther, ebenso wie Carcalla im Jahre 215[407].

Die Straße führte zunächst am linken (w.) Ufer des Morsynos (Dandalas/Vandalas Çayı) über Yenice (6 km sö. von Antiocheia) nach Karacasu. Zwischen Yenice und Karacasu wurden im Pferdestall bei der Mühle des Mougla Meïmet 2 Meilensteine aus konstantinischer und julianischer Zeit gefunden, von denen der eine (18.1.) die Entfernung 6 Meilen ohne *caput viae* misst, der andere hingegen (18.2.) Antiocheia als *caput viae* nennt (Meilenangabe verloren). Vor Karacasu verließ die Straße das Ufer des Morsynos, der ab hier in einer Schlucht weiterfließt. In Karacasu mündeten die Routen 7 und 8 ein, die von Halikarnassos bzw. Milet kamen. 3 km ö. von Karacasu überquerte die Straße dann bei Dandalas auf einer römischen(?) Einbogenbrücke (Abb. 40)[408] unmittelbar nördlich der heutigen Betonbrücke die Schlucht des Morsynos. Ein Teil der Quaderverkleidung der antiken Brücke ist in den Fluss abgestürzt, in der Schlucht steht auf der Ostseite direkt unter der Brücke eine alte Getreidemühle. Die kleine Siedlung Dandalas tradiert den Namen von Tantalos, einer *kōmopolis*, die 1197 vom Seldschukensultan Ġiyāṯaddīn Kaiḫusrau geplündert wurde; die

[401] H. TREIDLER, Xystis. *RE* 9A/2 (1967) 2182; Lokalisierung in Körteke: KUBITSCHEK – REICHEL, Reise in Karien und Phrygien 103; zur Körteke Kalesi: E. FABRICIUS (†) – F. ECKSTEIN, Körteke Kalesi in Karien. Eine befestigte Bergstadt. *Ist. Mitt.* 30 (1980) 321–328; MARCHESE, Lower Maeander I 239, 265–267, 290; Northern Caria 73, 101f., 126, 152; ROBERT, Asie Mineure 358, 374, Fig. 33; SAĞDIÇ, Aydın Fig. 160–162; PIMOUGUET-PÉDARROS, Défense 371–374.

[402] LAUMONIER, Archéologie 330, Fig. 43 (Theater), 331, Fig. 44 (Grab); G. E. BEAN, Kys (Bellipol). *PECS* 473; MARCHESE, Lower Maeander I 265–267 (Theater), 281; Northern Caria 101, 149.

[403] E. VARİNLİOĞLU – P. DEBORD, Hyllarima 2007. *AST* 26/3 (2008 [2009]) 443; DEBORD – VARİNLİOGLU, Cités 352, Fig. 614.

[404] Livius XXXIII 18, 4–9; MARCHESE, Lower Maeander I 158, 237f., 251 (Karte); zu Elmacık: LAUMONIER, Archéologie 328–330 (Almacik). Ahır Kalesi in Tarihte Türkiye ED.

[405] BROUGHTON, Asia Minor 863f.

[406] Vegetius IV 39 (*Ex die igitur tertio idus Novembres usque in diem sextum idus Martias maria clauduntur,* vom 11. November bis 10. März); Cod. Just. XI 6, 3 (De naufragiis); vgl. *TIB* 8, 283 mit weiterer Literatur.

[407] *MAMA* VI, S. 34; ROBERT – ROBERT, Carie II 223.

[408] Eine ältere Aufnahme der Brücke in Google Earth 37°44'05.10 N 28° 38'06.16 O.

Einwohner wurden nach Philomēlion in Phrygien umgesiedelt[409]. Eine mittelalterlichen Festung stand auf dem linken Dandalas-Ufer unmittelbar neben der Brücke[410]. Gemeint ist wohl die die byzantinische Zitadelle auf einem flachen Hügel unmittelbar flußaufwärts der alten Brücke[411].

8 km ö. der Brücke erreichte man die karische Hauptstadt Aphrodisias, in byzantinischer Zeit in Staurupolis umbenannt, Mētropolis der karischen Bistümer mit Ausnahme von Milet, das autokephales Erzbistum (ohne Suffragane) war. Aphrodisias war auch der Sitz des Oberaufsehers des Verkehrs- und Transportwesens in Karien. Im frühen 4. Jh. ist inschriftlich Βικτωρεῖνος ἀπὸ πρωτηκτόρων ἔπαρχος βεκούλων (*Biktōreinos apo prōtēktorōn eparchos bekulōn*), = Victorinus *exprotector, praefectus vehiculorum*, bezeugt[412]. Die Stadt liegt beim heutigen Geyre im Zentrum des breiten Tales des Morsynos, der ö. von Aphrodisias entspringt. In der byzantinischen Stadtmauer, in die auch die Nordwand des monumentalen Stadions einbezogen wurde, sind 3 Stadttore erhalten, von denen das westliche, durch das die Straße von Antiocheia in die Stadt lief, als Ἀντιοχικὴ πύλη inschriftlich bezeugt ist[413].

Aphrodisias war als karische Hauptstadt etwas abseits gelegen. Durch die Route 6 war sie jedoch auf einer *via publica* mit dem Mäandertal und durch eine regionale Ost–West-Verbindung über Plarasa und Gordiu Teichos mit dem Tal des Harpasos verbunden (Route 7). 8 km ö. von Aphrodisias führt bei Söğütcük nördlich der modernen Straße neben einer älteren Brücke eine alte aus Bruchsteinen gemauerte Einbogen-Brücke (Abb. 41) über einen Quellbach des Morsynos, der in diesem Bereich Geyre Çayı heißt. Ö. von Söğütcük verließ die Straße das breite und fruchtbare Tal des Morsynos und erreichte über den 1070 m hohen Pass Yahşiler Geçidi bei Karahisar die große, nahezu flache karische Hochebene, das *Tabēnon Pedion* (Ταβηνὸν πεδίον), heute Tavas Ovası[414]. Sie ist etwa 26 km lang und erstreckt sich bis nach Tabai (Kale) im Süden[415]. In Karahisar ist ein Stück der alten Straße erhalten[416], ein Meilenstein vom Friedhof (19.1.) stammt aus konstantinischer Zeit und trägt Widmungen bis Theodosius II. und Valentinian III., sowie die Entfernungsangabe 2 (und zusätzlich, wohl irrig, 6) Meilen Entfernung von Hērakleia. Ein zweiter Meilenstein, gefunden an einer nahen Dorfstraße (19.2.), stammt aus diokletianischer Zeit und nennt nur Hērakleia als *caput viae* ohne Meilenangabe. Hērakleia mit dem Beinamen Salbakēs, so benannt nach dem Berg Salbakē (heute Babadağ[417]) nördlich der Stadt, lag beim heutigen Vakıf (früher Makuf), 3,5 km ö. von Karahisar[418]. Erhalten sind noch in einer Mulde nördlich des Dorfes die Ruinen eines Stadions mit 13 Sitzreihen[419]. Die unterste Sitzreihe wurde in der Spätantike für Tierhetzen vermauert (Abb. 42). Nördlich des Stadions und diesem entlang zieht sich eine frühbyzantinische Stadtmauer, die aus antiken Spolien gemauert ist (Abb. 43). Etwa in der Mitte des Stadions biegt diese Mauer nach Norden um. Schon das Stadion – es ist nach den Stadien in Aphrodisias, Antiocheia und Kibyra das vierte bekannte Stadion an dieser Straße – bezeugt die hohe Bedeutung der Stadt. In byzantinischer Zeit war Hērakleia Salbakēs als Bistum mit dem 2./3. Rang nach Kibyra wohl Hauptort der Hochebene von Tabai, in der neben Tabai selbst (mit dem 4./5. Rang) auch noch das Bistum Apollōnias mit dem 3./4. Rang lag.

---

409 Nik. Chōn. 494, 92. 95; VRYONIS, Decline 29, 129, 155, 166, 184, 190, 215, 218, 224, A. 482, 471; *TIB* 7, *s.vv.* Gereli und Philomēlion.

410 PATON, Sites in E. Karia 64.

411 C. RATTÉ, in: Aphrodisias V 4, 8, Fig. 10, 14.

412 ROUECHÉ, Aphrodisias 198f., Nr. 152.

413 ROBERT, *Hellenica* 13 (1965) 164–166; BEAN, Maeander 225. – Zur Strecke von Antiocheia nach Aphrodisias vgl. auch FELLOWS, Lycia 248–250; DAVIS, Anatolica 69–78 und SEIFF, Reisen 386–390.

414 Strabōn 629; ROBERT – ROBERT, Carie II 72f.

415 Vgl. Karte des karischen Hochlandes mit den archäologischen Fundstätten bei ROBERT – ROBERT, Carie II.

416 ROBERT – ROBERT, Carie II Taf. XXV 1.

417 Die Lage des Berges ist umstritten, da auch Apollōnia den Beinamen Salbakēs trägt, aber am Bozdağ, der Ostgrenze Kariens gegen Phrygien, liegt; vgl. ROBERT – ROBERT, Carie II 43–46.

418 BÜRCHNER, 17) Ἡράκλεια Σαλβάκη. *RE* 8/1 (1912) 432f.; ROBERT – ROBERT, Carie II 153–230 *et passim*; THONEMANN, Maeander Valley 218–227.

419 ROBERT – ROBERT, Carie II, Taf. XXIV 1.

Von Hērakleia gelangte man über Kızılcabölük mit seinem markanten Heiligtum[420] nach Tavas (früher Yerengüme, Yarangüme), das in spätosmanischer Zeit zum Hauptort der karischen Hochebene zwischen Hērakleia und Tabai aufgestiegen, den Namen der im Süden dieser Ebene gelegenen alten Stadt Tabai übernahm, die nunmehr, abseits vom Fernverkehr nur noch Kale genannt wurde[421]. Von Tavas, das wohl eine alte Siedlung (jedoch nicht Tabai) überlagert[422], führte ein Pass nach Osten, wo man bei Kızılhisar die auch in der *Tabula Peutingeriana* verzeichnete Fernstraße aus dem Mäandertal erreichte, die von Laodikeia am Lykos über das phrygische Thēmisonion nach Nordostlykien und Pamphylien führte[423]. Diesen Weg werden wohl auch Trajan und Caracalla bei ihren Partherfeldzügen genommen haben[424]. Ein in der osmanischen Zeit vielgenutzter weiterer Passweg führte auch in nördlicher Richtung nach Laodikeia, wie mehrere Hane bezeugen[425]. Neben diesen Wegen in die Nachbarprovinz Phrygia Pakatianē zweigte in Tavas die für den karischen Binnenverkehr wichtige Route nach Südosten in das Tabēnon Pedion ab, welche die Mētropolis Aphrodisias und die angrenzenden Gebiete der Phrygia Pakatianē über Apollōnia und Tabai mit Südkarien und Nordwestlykien verband.

8 km sw. von Tavas lag auf einem isolierten Hügel n. von Medetköy Apollōnia (mit dem Beinamen *apo Salbakēs*)[426], byzantinisch Apollōnias. Hier zweigte von der Straße nach Tabai eine Straße nach Osten ab, die auch durch einen Meilenstein (Nr. 21) bezeugt ist. Diese heute in ihrer Gesamtheit kaum noch genutzte Straße war von überregionaler Bedeutung, da sie einerseits über Kibyra nach Lykien und Pamphylien führte und andererseits die karische Mētropolis Aphrodisias mit dem im äußersten Osten der Provinz gelegenen Bistümern Kibyra und Kindrama verband.

An dieser Route[427] lag, 16 km ö. von Apollōnia in einer kleinen Hochebene zwischen Kızılca im Süden und Aydoğdu im Norden, die Stadt Sebastopolis, dem Namen nach eine Gründung des Kaisers Augustus[428]. Als alter Name von Sebastopolis kommte Saleia in Frage[429]. Da Sebastopolis auch bei Hieroklēs genannt ist, stellt sich die Frage, ob hier nicht eines der noch nicht identifizierten karischen Bistümer lag, wofür eigentlich nur mehr Anōtetartē oder Metaba in Frage kommen, wenn wir Larba auf Labraunda und Tapasa auf Gordiu Teichos beziehen. Der Name Anōtetartē, also die „Vierte *(scil. polis)* oder das Viertel oben“ könnte bedeuten, dass Sebastopolis als vierte Stadt gezählt wurde, die oberhalb des Tabēnon Pedion mit den 3 Städten Hērakleia, Apollōnia und Tabai lag, wobei die 4 Städte vielleicht einer Tetrapolis angehörten, wie wir sie in der benachbarten Kibyratis kennen[430]. Von besonderem Interesse ist hier eine Weihinschrift für Kaiser Trajan, in der auch die Ämter eines Eirenarchen und eines Paraphylax genannt werden, die im benachbarten Lykien und Pamphylien häufig im Kampf gegen die pisidischen bzw. isaurischen Bergstämme begegnen[431]. Es ist

420 ROBERT – ROBERT, Carie II 57, 159–161, Taf. XXIV–XXIX. – Von A. SCHÖNBORN bei RITTER, Kleinasien II 895f., als Ruinen eines christlichen Baues wohl fehlinterpretiert; HELD, Gergakome 170.

421 ROBERT – ROBERT, Carie II 159f. *et passim*.

422 Zu spärlichen Ruinen in Tavas vgl. RITTER, Kleinasien II 903: „Schönborn aber verfolgte von Davas, wo er nur wenige Reste der antiken Tabae, deren Fragmente weit umher verschleppt wurden, doch auch einige Inscriptionen, Fundamente, Grotten … vorfand, seine Wanderung gegen Nordwest zum Mäander und nach Smyrna“.

423 Vgl. *TIB* 8, 277. Für die Strecke von Karahüyük (Thēmisonion) nach Tavas vgl. RITTER, Kleinasien II 893–895.

424 Vgl. ROBERT – ROBERT, Carie II 39.

425 Vgl. TK Denizli Iş/26.

426 ROBERT – ROBERT, Carie II 231–312 *et passim*; G. M. COHEN, The Hellenistic settlements in Europe, the islands, and Asia Minor. Berkeley. 1995, 253–55.

427 Zum Weg vom Plateau von Tabai in die Kibyratis über Sebastopolis: ROBERT – ROBERT, Carie II 315.

428 ROBERT – ROBERT, Carie II 313–336 *et passim*.

429 ROBERT – ROBERT, Carie II 72, 285, Nr. 166, 14–15: τῶν ἱερῶν κωμῶν [Σ]αλε[ι]/[ων τε] τῶν ὀρεινῶν καὶ Σαλειων τῶν πεδιεινῶ[ν], 336; ZGUSTA, Ortsnamen 527; BLÜMEL, Ortsnamen 178. Die in Apollōnia gefundene Inschrift ist ein deutlicher Hinweis auf die nahe Hochebene von Sebastopolis, wo ein Teil der Bewohner in den Bergen und ein Teil in der Ebene wohnte.

430 Strabōn 631; vgl. *TIB* 8, *svv.* Balbura, Bubōn und Oinoanda.

431 ROBERT – ROBERT, Carie II 168; vgl. *TIB* 8, 106–108 *et passim*; zur Ausbreitung der Pisider im Gebiet von Kibyra (Eriza, Thēmisonion, Tabai und Kidrama) vgl. Cristiana DONI, The Pisidians: From Their Origin to Their Western Expansion, in: M. SARTRE (Hrsg.), L’Asie Mineure dans l’Antiquité. Échanges, populations et territoires. Rennes 2009, 221, A. 33 und P. SÄNGER, Zur Organisation des Sicherheitswesens im kaiserzeitlichen Kleinasien und Ägypten. Rezension eines neuen Buches und komparative Studien zur Eirenarchie. *Tyche* 25 (2010) 90–99.

dies der älteste Text überhaupt, der einen Eirenarchen nennt[432]. Weiters sind in einer Türbe im Süden von Aydoğdu rote Marmorsäulen als Spolien verbaut.

In Kızılca bog die Straße nach Süden ab und führte über Ovacık und Deliktaş, wo der Meilenstein Nr. 21 gefunden wurde, nach Nikfer (Nikifer)[433]. Nikfer mit dem alten von Nikēphoros abzuleitenden Namen lag am Nordrand einer weiteren Hochebene, der Barzovası, die den aus einer Inschrift von Kidrama bekannten Namen Sparza tradiert (*Sparzēnē* als Epiklese einer *mētēr theōn*[434]). Von Nikfer führte die Fernstraße nach Lykien und Pamphylien auf einem Passweg über Mevlütler durch den Bozdağ nach Acıpayam[435] und von dort über Eriza, Çamköy und Yusufça, wo die Meilensteine Nr. 22 und 23 gefunden wurden, nach Kibyra. Nördlich von Mevlütler liegt etwa 6 km w. von Acıpayam auf dem Alçıin Tepe ein Höhlenkloster (Alçıin damları[436]), von Ramsay *probable* mit dem phrygischen Bistum Agathē Kōmē identifiziert[437]; diese Region gehörte aber sicher noch zu Karien. Eriza wird wegen einer Inschrift, in der die *hyparchia Eriza* genannt ist, in Karahüyük lokalisiert[438]. Karahüyük ist jedoch aufgrund der Verkehrssituation eher mit Themisōnion zu identifieren[439]. In den frühen Notitiae episcopatuum ist die Stadt als karisches Bistum bezeugt, als Siza in Notitia 1, 2 und 4 und in der hybriden Notitia 3 als Eri<z>ōn ētoi Tyraōn. In Dereköy, 9 km osö. von Acıpayam nennt eine Inschrift den *dēmos* Τυρια[ε]ιτῶν[440], also die Gemeinde Tyriaion. Eriza lag also wohl in der Nähe von Dereköy, vermutlich im benachbarten Dodurga (5 km sö.)[441]; in Dodurga gibt es Ruinen einer Kirche[442]. Konsul Manlius Vulso gelangte auf seinem Marsch gegen die Galater 189 v. Chr. von Tabai am dritten Tag *ad Casum amnem perventum; inde profecti Erizam urbem primo impetu ceperunt. Ad Tabusion castellum imminens fluvio Indo ventum est, haud procul a Cibyra aberant*[443]. Er zog daher vermutlich von Tabai aus nach Apollōnia und über Sebastopolis auf der hier beschriebenen Route (vgl. Meilenstein Nr. 21) durch den Bozdağ (Salbakē) nach Acıpayam. Danach überschritt er den Casus (in älteren Ausgaben Chaus = Kazanēs), den nördlichen Quellfluss des Indos[444], und kam nach Eriza (Dodurga). Von Eriza folgte er dem s. Quellfluss des Indos, den er bei Çamköy, wo vielleicht das *castellum Tabusion* lag[445], überschritt. Hier wurde auch der Meilenstein Nr. 22 gefunden. Über Yusufça (mit Meilenstein Nr. 23) erreichte er Kibyra. Kibyra (Gölhisar) hatte im römischen Straßennetz eine besondere Bedeutung, da es eine Zollstation im Zollbezirk Asia war und den Verkehr in die Nachbarprovinz Lykia kontrollierte[446]. In byzantinischer Zeit war Kibyra durchgehend der *prōtothronos* der Provinz Karia. – Die von Kibyra[447] nach Lykien führenden Straßen wurden bereits in *TIB* 8 beschrieben[448].

Von Nikfer (Konak) am Nordrand der Hochebene von Sparza (Barzovası) führte eine regionale Verbindung in den Süden der Ebene, wo sw. von Yorga Kidrama lag, als Bistum Kindrama[449]. Von Kidrama kam

---

432 Robert – Robert, Carie II 42, A. 4; zum westlichen Siedlungsgebiet der Pisidier vgl. Coulton, Balboura 62–64.

433 Nikfer wurde in Konak oder Büyükkonak umbenannt, der alte Name ist jedoch noch in Gebrauch (Busverbindung von Denizli nach Nikfer, Bereisung 2010).

434 E. Honigmann, *Byz* 10 (1935) 738–739; Robert – Robert, Carie II 365, Nr. 188; 367, A. 3; Zgusta, Ortsnamen 585; Blümel, Ortsnamen 179.

435 Denizli İl Haritası; TK Denizli Iü/28. Beschreibung des Weges bei Davis, Anatolica 278–280 und G. Hirschfeld, (III.) Vorläufiger Bericht über eine Reise im südwestlichen Kleinasien. *Monatsberichte kgl. preuss. Akad. Wiss. zu Berlin* 1879, 326.

436 TK Denizli Iü/28.

437 Ramsay, Phrygia I 262; vgl. *TIB* 7, *s. v.* Agathē Kōmē und *TIB* 8, *s. v.* Acıpayam.

438 J. Nollé, 9. Eriza und Themisonion, *Gephyra* 6 (2009) 47–70.

439 *TIB* 8, *s. v.*

440 G. Cousin, *BCH* 24 (1900) 54; Robert, Villes 125f.

441 *TIB* 7, *s. v.*; Ritter, Kleinasien II 872.

442 *AA* 1941, 714; *vgl. TIB* 7, *s. v.*

443 Livius XXXVIII 14, 1.

444 *TIB* 8, *s. v.* Kazanēs.

445 Ramsay, Phrygia I 266f. (Tcham-Keui); W. Ruge, Thabusion. *RE* 5A/1 (1934) 1180; J. Nollé, *Gephyra* 6 (2009) 56–61, identifiziert dagegen Dodurga mit Thabusion, Themisonion und dem Bistum Thapsiupolis.

446 Corsten, Kibyra I 107. Zu Kibyra und der Kibyratis zuletzt: Th. Corsten – O. Hülden, Kibyratis 2008–2011. *Ist.Mitt.* 62 (2012) 7–117.

447 Ruge, Kibyra 1). *RE* 11/1 (1921) 374–377; G. E. Bean, Kibyra Maior. *PECS* 453f.; Corsten, Kibyra I.

448 *TIB* 8, 263f., 269–273. Zum Verkehrsnetz des benachbarten lykischen Balbura vgl. Coulton, Balboura 17–41.

449 Robert – Robert, Carie II 47, 73f., 337–375 *et passim*.

man auf noch wenig oder gar nicht erforschten Wegen nach Tabai (über Karayayla)[450] im Nordwesten, nach Apollōnia (über Mokolda, Moğlasın, Muğlasın, heute Gümüşdere)[451] im Norden oder in die Eskere Ovası im Südwesten. Eskere, jetzt Uzunoluk, lag am Südrand der Ebene, ö. vom heutigen Beyağaç. Von der Eskere Ovası, die im Quellgebiet des Harpasos (Akçay) liegt, führte einerseits ein Passweg (Eskere Boğazı) nach Süden in das Tal des Indos[452] und nach Lykien, andererseits wohl auch ein Weg den Fluss entlang, der dann bei der Irmakköprü genannten Brücke in die Straße einmündete, die von Tabai in das südliche Karien bzw. nach Nordwestlykien führte.

Diese Straße zweigte in Apollōnia von der oben beschriebenen Straße über Sebastopolis und Eriza nach Kibyra ab und erreichte entlang dem Ostrand des Tabēnon Pedion nach 18 km Tabai, heute Kale. Von Hırka (Kherka), 7 km nö. von Tabai, bis zum Stadtberg von Tabai waren früher noch Reste des alten Straßenpflasters mit antiken Brunnen erhalten[453]. Noch heute steht eine alte Einbogenbrücke (Abb. 44) am Ostfuß des Berges[454], von wo man durchgehend bis zum Gipfel mit der Cevher Paşa Camisi das alte Straßenpflaster mit Substruktionen verfolgen kann (Abb. 45, 46, 47). Tabai (Davas) war namengebend für die große karische Hochebene mit den 3 Bistümern Hērakleia, Apollōnias und Tabai (Tabēnon Pedion). In engem Zusammenhang mit dieser Hochebene ist das etwas oberhalb gelegenen Bistum Anōtetartē (Sebastopolis) und auch Kindrama zu sehen. Es ist eine vom übrigen Karien infolge ihrer topographischen Lage abgesonderte Region mit zahlreichen lokalen Verbindungen zwischen den Zentren. Tabai selbst lag auf einem markanten Tafelberg im Süden der Ebene mit beherrschendem Blick auf diese (Abb. 46)[455]. In der 1. Hälfte des 14. Jhs. war Davas selbständiges Emirat[456]. Schon in der Antike ein zentraler Marktort mit einem Jahrmarkt (πανήγυρις)[457], ist Tabai noch in der zweiten Hälfte des 17. Jhs. in der Geographie des Ḥāǧǧī Ḫalīfa als Festung, Stadt und Gerichtsbezirk ausgewiesen, wo wöchentlich ein Markt abgehalten wird[458].

Von Tabai führte die antike Straße wohl ähnlich wie die moderne bis zur Irmakköprü über den s. Quellfluss des Harpasos (Akçay)[459]. Von dieser Brücke[460] über das breite Bett des in der Regenzeit reißenden Hochgebirgsflusses sind ö. der neuen Betonbrücke noch 3 zum Teil aus Spolien einer antiken Brücke erbaute Pfeiler im Flussbett und der von Buschwerk überwachsene Brückenkopf am s. Ufer erhalten (Abb. 48, 49). Nach der Brücke gabelte sich die Straße in einen nördlichen Zweig nach Mobōlla (Muğla), der durch mehrere Hane aus osmanischer Zeit gut bezeugt ist[461], und einen südlichen, der über Çakmak und Gölcük nach Ula führte[462], wo er Anschluss sowohl an die „Küstenstraße“ als auch an die Straße durch das Marsyas-Tal (Route 4) fand. Mobōlla war wohl durch Stichstraßen mit Pisyē auf der Route 4 verbunden, ebenso mit Ula. Die bedeutende Stadt mit einer markanten Akropolis auf einem Tafelberg (Abb. 50)[463], heute Hauptstadt des

---

450 Robert – Robert, Carie II 358f. *et passim.*

451 In einer Inschrift von Apollōnia (2. oder Anfang 3. Jh. n. Chr.) genannt; Robert – Robert, Carie II 72, 281, Nr. 162, 297, 383 (zur Lokalisierung); zum Ortsnamen: Belediyeler – Köyler (1985) 259.

452 O. Benndorf und G. Niemann, Reisen in Lykien und Karien (Reisen im südwestlichen Kleinasien I). Mit einer Karte von H. Kiepert. Wien 1884, 150–151; Philippson, Reisen V 114–115; Robert – Robert, Carie II 357, 359 *et passim.*

453 Tschihatscheff – Kiepert 50.

454 Robert – Robert, Carie II, Taf. XV 2.

455 Robert – Robert, Carie II 80–152 *et passim.* Zu den antiken und osmanischen Denkmälern: B. Erzoy, Kale-i Tavas (Tabae) 2007 Yılı Kazısı. *KST* 30/3 (2008 [2009]) 41–56, Kale-i Tavas (Tabae) 2008 Yılı Kazısı. *KST* 31/4 (2009 [2010]) 301–314, Kale-i Tavas (Tabae) 2009 Yılı Kazısı. *KST* 32/3 (2010 [2011]) 122–134.

456 Wittek, Mentesche 66, 167f.

457 Robert – Robert, Carie II 110, Nr. 13.

458 Ḥāǧǧī Ḫalīfa (Kātib Čelebī), Ǧihānnumā. İstanbul 1730, 638; Robert – Robert, Carie II 81, A. 4. In der Übersetzung von Norberg II 430 ohne Nennung des Namens nur *castellum, jurisdictio et urbs est, ubi mercatus per hebdomadem celebratur.*

459 TK Denizli Iv/23: Irmakköy mit Brücke über den Akçay (Harpasos): Robert – Robert, Carie II 69, 36, A. 1 zu Philippson, Reisen V 125.

460 Sie liegt zwischen den zwei Dörfern Gazeller und Gökçeören und ist auf der modernen Straße 60 km von Muğla entfernt (Bereisung 2008).

461 Tschihatscheff – Kiepert 50f.; Robert – Robert, Carie II 36f.

462 Vgl. P. Brun, in: Debord – Varinlioğlu, Carie 29–32.

463 G. E. Bean, Mobolla. *PECS* 586; Robert – Robert, Carie II 6, 91–95; R. Descat, in: Debord – Varinlioğlu, Carie 21 (Burg mit älterer Literatur); P. Brun, in: Debord – Varinlioğlu, Carie 23–25 (Mauer der Akropolis nicht vor Mitte 4. Jh. v. Chr.,

über ein Drittel von Karien umfassenden gleichnamigen Vilâyets Muğla (neben den Vilâyets von Aydın und Denizli), war in der Antike keine Polis und in byzantinischer Zeit auch kein Bistum, ist aber dennoch noch bei Konstantin Porphyrogennētos als Mogola bezeugt[464].

## Route 7. Von Milet über den Latmos (Latros) nach Hyllarima und Aphrodisias

Die Verbindung über den Latmos (Latros) nach Hyllarima, einem Verkehrsknoten in Zentralkarien, war in der Antike nur von lokaler Bedeutung für die West–Ost-Verbindung von Milet nach Aphrodisias. Eine gewisse Bedeutung gewann dieser Weg im 11.–13. Jh., als das Mäandertal von den Einfällen der Türken bedroht war und die schwindende Macht des Byzantinischen Reiches, von 1204–1259 regiert von den Laskariden in Nikaia, nicht ausreichend Widerstand bieten konnte (s. Route 2).

Wichtig war dieser Weg auch für das Paulos-Kloster auf dem Latros, das Besitzungen mit entsprechenden Einkünften in dieser Gegend hatte, um die es einerseits mit dem Bischof von Amyzōn, das auf dem Weg nach Hyllarima lag und andererseits mit der Partei des lokalen Potentaten Johannes Karantēnos streiten musste. Neben Parökenanwesen im Gebiet von Larymos (Hyllarima)[465] besaß das Paulos-Kloster schon seit dem 10. Jh. im Katepanikion (Steuerbezirk) Larymos auch das Landgut Mesingumion (Mesinguma) mit ertragreichem Ölhain (προάστειον ὑπέλαιον ἐν τῇ ἐνορίᾳ τῆς Λαρύμου). Mesingumion lag vielleicht bei Mesevle, 4 km ssw. von Derebağ (Hyllarima), wo auf dem Asarcıktepe eine byzantinische Festung auf der Spitze des Hügels über einer antiken Siedlung stand, die von archaischer Zeit bis in die Spätantike reichte[466]. Im ausgehenden 12. Jh. verpachtete das Kloster das Landgut an den Primikerios Iōannēs Karantēnos aus Mylasa, der jedoch die jährliche Abgabe von 24 Maß Öl nicht lieferte und sich gewaltsam in den Besitz des Gutes setzte. Nach seinem Tod verweigerten seine Erben die Rückgabe des Gutes, dessen Besitz dem Paulos-Kloster zwischen 1189 und 1195 von Michaēl Angelos, dem Dux des Themas Mylasa, Melanudion, Kōs und Strobilos und 1195 von Kaiser Alexios III. bestätigt wurde[467]. Schließlich ordnete 1204 auch Kaiser Alexios IV. Angelos die Rückgabe des Gutes an das Paulos-Kloster an[468]. Es ging jedoch nicht nur um die Rückgabe von Mesingumion, sondern auch um benachbarte von Privatpersonen, Klöstern und Kirchen widerrechtlich angeeignete Besitzungen des Paulos-Klosters[469]. Diese Besitzungen sind bisher in dem archäologisch wenig erforschten Gebiet nicht nachzuweisen.

Im Streit lag das Paulos-Kloster auch mit dem Bischof von Amyzōn (Amazōn) um das Landgut Kyparission (vielleicht Cincin Kalesi an der Route 2). Zwischen 1189 und 1195 entschied Michaēl Angelos, Dux des Themas Mylasa, Melanudion, Kōs und Strobilos, dass der Bischof von Amazōn dem Paulos-Kloster neben anderen entfremdeten Liegenschaften vor allem das Landgut Kyparission restituieren sollte[470]. 1246–1254 untersagte Patriarch Germanos II. den an das Paulos-Kloster angrenzenden Bischöfen, namentlich jenem von Amazokorax/Amazōn, die Ausübung geistlicher Rechte in den (stauropegialen) Ländereien und Metochia des Klosters[471].

Von Milet (in spätbyzantinischer Zeit Palatia) kam man zunächst auf Route 1, 2 oder 3 an das Ostufer des ehemaligen Latmischen Golfes (in spätbyzantinischer Zeit *Milēsia Limnē*). Der Weg vom Latmos-Gebiet nach Hyllarima, dem Zentrum des dicht bewaldeten Hügellandes zwischen dem Marsyas-Tal und dem Harpasos-Tal folgte zunächst den schon aus hellenistischer Zeit stammenden, teils hervorragend mit Plattenpflasterung ausgebauten Routen des lokalen Herrschers Pleistarchos von Hērakleia, die heute noch auf große Strecken zu

---

etwa 100 m, ohne erkennbare Tore); DEBORD – VARİNLİOĞLU, Carie 181, Nr. 61, 182, Nr. 62 (Mobōlleus). Zu den Felsgräbern: ROOS, Survey 18–22.

464 Kōnst. Porph., De them. 79, 34: τὰ καλούμενα Μόγολα.

465 GASTGEBER – KRESTEN, Nr. 9 (1175) und Nr. 10 (1189).

466 E. VARİNLİOĞLU – P. DEBORD, *AST* 27/3 (2009 [2010]) 3f.

467 GASTGEBER – KRESTEN, Nr. 11, 12.

468 GASTGEBER – KRESTEN, Nr. 13.

469 GASTGEBER – KRESTEN, Nr. 11.

470 GASTGEBER – KRESTEN, Nr. 11.

471 GASTGEBER – KRESTEN, Nr. 5.

verfolgen sind, auch wenn es oft nur breite Waldwege sind oder grob gemauerte Substruktionen, die sich im Gestrüpp verlieren[472].

Von Hērakleia am Latmos oder vom s. davon gelegenen Gölyaka führten Wege nach Kovaalan, wo man nach Osten abzweigte und nördlich am Paulos-Kloster (Arapavlusu) vorbei über den Yuvatepe-Pass Bağarcık erreichte. Ein anderer Weg führte von Gölyaka über Karahayıtlı nach Sakarkaya. Etwa 3 km sw. von Karahayıtlı steht zur Sicherung eine spätbyzantinische Burg (Abb. 51)[473]. In Sakarkaya traf man auf die Route von Eurōmos in das Mäandertal (Route 3), die über den Anadolu/Sakarkaya Geçidi, vorbei an der markanten byzantinischen Festung auf dem Çörlenasartepesi (Abb. 24), ebenfalls nach Barğarcık führte. In Bağarcık schwenkte der Weg nach Nordosten und führte über Kızılcabölük nach Akmescit, 3 km s. von Amyzōn. Hier traf man auf die Straße, die von Mylasa über Labraunda und Alinda nach Amyzōn und weiter in das Mäandertal nach Koçarlı bzw. Cincin verlief (Route 3). Dieser Straße folgte man nun bis Alinda. Von Alinda führte der Weg am Südrand der Karpuzluova nach Alabanda (Araphisar), wo man auf die Route 4 durch das Marsyas-Tal stieß.

Die Route 7 von Alabanda nach Hyllarima führte zunächst gemeinsam mit der Route 4 nach Kargı und bog dann parallel zum Aquädukt von Alabanda[474] in östlicher Richtung nach Eskiçine ab; dort überquerte sie den Marsyas auf einer Vierbogenbrücke, von der noch 3 Pfeilerreste stehen (Abb. 52)[475]. Eskiçine war nicht nur in der Antike eine bedeutende Siedlung, wie die archäologischen Spuren auf der ö. des Ortes gelegenen Akropolis bezeugen, sondern auch in byzantinischer Zeit und unter dem Emirat Menteşe, wo eine Moschee gebaut wurde, die Ahmet Gazi aus der Dynastie der Menteşeoğulları zugeschrieben wird. Dabei verwendete man wie in der benachbarten Türbe in den Grundmauern meist antike aber auch byzantinische Spolien, von denen die am Osttor verbauten Fragmente von Templonepistylen aus mittelbyzantinischer Zeit hervorstechen (Abb. 53)[476]. Am Weg vom Marsyas-Tal nach Hyllarima[477] liegen bei Ovacık ein antiker Turm und die byzantinische Festung Sığır Asar[478]. Ö. von Alabayır, wo Gräber und Pressgewichte eine antike Siedlung nachweisen[479], überquerte die Straße den Madaran Çayı auf einer nur ca. 2 m breiten antiken Brücke mit 5 Rundbögen, die zum Teil große Felsblöcke des Flussbettes als Fundamente benützen. Sie ist aus Granitplatten gemauert, die mit heute noch äußerst hartem weiß-grauen Mörtel verbunden sind. Die alte Brücke steht unmittelbar s. der modernen Brücke auf der Straße nach Topçam bzw. Hasanpaşalar (Abb. 54, 55). Der weitere Verlauf der Straße nach Hyllarima ist noch unbekannt; sie führte vermutlich von Topçam über Güre nach Hyllarima (Derebağ/Kapraklar).

In Hyllarima, kreuzte die Route 7 den w. Ast der aus dem Harpasos-Tal kommenden Route 5. Durch das Tal des Deli Çay führte die Route 7 wohl weiter über Karagedik nach Körteke (Xystis). Entlang dieser Strecke lagen die Türme von Dikili und Kızıltepe[480]. In Körteke, traf die Route 7 auf den ö. Ast der Route 5, auf der sie das Harpasos-Tal bei Kemer erreichte[481] und überquerte den Harpasos auf der frühbyzantinischen Brücke[482],

[472] Eine Übersicht über diese Wege zuletzt bei PESCHLOW-BINDOKAT, Herakleia am Latmos, Faltkarte; vgl. auch PESCHLOW-BINDOKAT, Latmos 43–48 und PESCHLOW-BINDOKAT, Straßennetz.

[473] Bereisung 2010; kartiert bei PESCHLOW-BINDOKAT, Herakleia am Latmos, Faltkarte, Nr. 9.

[474] Wasserleitung von Alabanda: BEAN, Maeander 187, Taf. 45; Ü. ÖZİŞ, Alabanda und seine antike Wasserversorgung. *Antike Welt* 22 (1991) 108–113.

[475] Bereisung 2010. Die Brücke ist erwähnt bei KUBITSCHEK–REICHEL, Reise in Karien und Phrygien 98f.: Eski Tschinar ... besitzt zahlreiche Überreste des Altertums. Der Hügel selbst trug vormals auf seiner das Flusstal beherrschenden Plattform eine größere Ansiedlung, von welcher Straßenspuren im Felsen, ein Felsengrab und die Trümmer einer Brücke oder eines den Fluss übersetzenden Aquädukts erhalten sind.

[476] WITTEK, Mentesche 165f.; SAĞDIÇ, Aydın 110, Abb. 163.

[477] DIEST, Karien 219 und PHILIPPSON, Reisen V 22–24, vermuteten eine Wegführung der Straße Alabanda–Hyllarima weiter südlich durch das Tal des Mesevle Çayı, heute Gökçay.

[478] PIMOUGUET-PÉDARROS, Défense 307; HELD, Gergakome 4, Abb.1, 195–202.

[479] HELD, Gergakome 203–205.

[480] PIMOUGUET-PEDARROS, Défense 119–123.

[481] Vgl. PHILIPPSON, Reisen V 24f.

[482] Datierung in frühbyzantinische Zeit aufgrund der zwei Ziegelbögen des Gewölbes; für den Hinweis danke ich Frau G. FINGAROVA (Wien).

etwa 4 km stromabwärts von Kemer, 6 km sö. von Amasya (Abb. 39)[483], die heute wie Kemer in der Kemer Barajı versunken ist. Der Weg über die nun versunkene Brücke führte nach Akyaka, in dessen Umgebung antike Ruinen liegen[484], und weiter über Gordiu Teichos (Aşağı bzw. Yukarı Görle mit Ruinen eines kleinen Theaters und mittelbyzantinischen Fresken in einem Felsgrab bzw. Gavur Pazar)[485] führte nach Plarasa (Bingeç)[486] und weiter in das Tal des Morsynos/Dandalas Çayı nach Karacasu (dort Anschluss an die Route 6) bzw. direkt nach Aphrodisias. In oder bei Gordiu Teichos wird das Bistum Tapasa vermutet[487]. Der Weg von Plarasa über Görle in das Harpasos-Tal und weiter nach Tralleis (Aydın) war ein alter Herdenweg mit einer osmanischen Zisterne, welcher von der nomadischen Viehzucht (Transhumanz) in Anspruch genommen wurde[488]. Von Antiocheia am Mäander zog 189 v. Chr. der Konsul Manlius Vulso auf seinem Marsch gegen die Galater über Gordiu Teichos nach Tabai[489], wofür er 3 Tage benötigte. Der Konsul nutzte dabei zweifellos nicht nur Fernstraßen, deren Ausbau damals übrigens erst begann, sondern auch zahlreiche Nebenstraßen mit dem Ziel durch Plünderungen den Weitermarsch zu finanzieren; so erbeutete er in Tabai, das sich stark wehrte, 25 Talente Silber und 10.000 Medimnen Weizen[490].

## Route 8. Von Halikarnassos auf Route 1 oder 3 nach Mylasa und dann über Stratonikeia ebenfalls nach Hyllarima und Aphrodisias

Diese Route folgte meist den schon oben beschriebenen Routen 1, 3, 5 und 7. Vom westkarischen Verkehrsknotenpunkt Mylasa zweigte die Route 8 in ö. Richtung nach Stratonikeia ab. Die kleine, spätklassisch-hellenistische Festung auf dem Beşiktaş Tepesi[491] kontrollierte diese Straße[492]. Sie führte von Mylasa in sö. Richtung wohl über Menteş bergauf durch ein Defilé in den s. Ausläufern des Aksivri nach Tuzova (Tuzabat). Im Engpass sind etwas oberhalb der heutigen Straße noch Reste der antiken Trasse und in Tuzova, etwa 13 km ö. von Milas, die Reste der osmanischen Straße erhalten, die auf den Bögen einer Brücke 5,20 m breit ist und sich als 3,50 m breite Erdstraße im Pinienwald fortsetzt[493]. 8 km w. von Stratonikeia (Eskihisar) lag s. der heutigen Straße auf dem Maltepe bei Kurbet (Gurbet Mah.[494]) eine Siedlung mit einem Tempel, in den eine Kirche gebaut wurde, vermutlich Koliorga[495].

Stratonikeia war wieder ein Verkehrsknoten. Hier kreuzte die Route 8 die Route 4 aus dem Marsyas-Tal und führte nun gemeinsam mit der Route 5 nach Hyllarima. In Hyllarima stieß man auf die Route 7 von Milet nach Aphrodisias.

---

[483] TK Denizli It/21; S. Saraçoğlu, Bitki örtüsü, akarsular ve göller (*Türkiye coğrafyası üzerine etüdler* II). Istanbul 1962, 129 mit Abb.; Robert, Asie Mineure 358, 363, Fig. 9; Op. min. sel. VI 700.

[484] Vgl. Philippson, Reisen V 25; Robert, Asie Mineure 358.

[485] Livius XXXVIII 13, 11 (Gordiutichos); Bürchner, Gordiu Teichos. *RE* 7/2 (1912) 1593f.; Robert, Études anatoliennes 555; Marchese, Northern Caria 150. Zu Görle vgl. Paton, Sites in E. Karia 63f. und C. Ratté, in: Aphrodisias V 11, zum weiter nördlich bei Yazır gelegenen Gavur Pazar C. Ratté, in: Aphrodisias V 3, 14–15.

[486] J. Reynolds, The Politeia of Plarasa and Aphrodisias. *REA* 87 (1985) 213–218

[487] Paton, Sites in E. Karia 63f. (Ören östlich von Görle).

[488] Thonemann, Maeander Valley 199–202. Osmanische Zisterne bei C. Ratté, in: Aphrodisias V 11, 12, Fig. 14. Ein Stück einer alten osmanischen Straße in Çamarası gehörte vielleicht auch zu einer antiken Straße nach Tabai: C. Ratté, in: Aphrodisias V 10, Fig. 12.

[489] Livius XXXVIII 13, 11.

[490] Livius XXXVIII 13, 11–13: Inde (*scil.* nach Antiocheia) ad Gordiutichos quod vocant processum est. Ex eo loco ad Tabas tertiis castris perventum. … in urbem compulsi (*scil.* die Bewohner von Tabai) veniam erroris petebant, dedere urbem parati. Quinque et viginti talenta argenti et decem milia medimnum tritici imperata; ita in deditionem accepti.

[491] Rumscheid, Mylasas Verteidigung 207, Abb. 1, 217–219, Abb. 14–15.

[492] Zum Straßenverlauf vgl. Philippson, Reisen V 21–22.

[493] Ruggieri, Caria 226, A. 25; vgl. auch 61 zur Strecke Mylasa–Stratonikeia; Ruggieri – Acconci – Featherstone, Amboni carî Fig. 34.

[494] TK Aydın IV/17.

[495] P. Foucart, *BCH* 14 (1890) 372–375; Ruggieri, Caria 104f.; M. Ç. Sahin, Recent Excavations at Stratonikeia and New Inscriptions from Stratonikeia and its Territory. *EA* 41 (2008) 80.

# ZUSAMMENFASSUNG

Ein wesentlicher Bestandteil der *TIB*-Bände dient der Darstellung der Verkehrswege. Die vorliegende Studie zum Teil „Karien“ ist dem Straßennetz gewidmet, eine in Vorbereitung befindliche soll die Seewege anhand der Portulane und Seekarten von der Antike bis in frühosmanische Zeit behandeln.

Der geographische Rahmen der Untersuchung ist die spätantike Provinz Karia, wie sie bei Hiēroklēs beschrieben ist; sie entspricht den Dimensionierungen in den byzantinischen *Notitiae episcopatuum*.

Die in den genannten Quellen erscheinenden Orte waren die Siedlungsschwerpunkte der Region. Sie waren in der Regel miteinander verbunden und bildeten solchermaßen nicht nur den *Nukleus* der Siedlungsstruktur, sondern auch die Grundlage für das Straßennetz. Karia lag bis auf die Randzone im Norden abseits des Fernverkehrs durch Kleinasien. An der Nordseite des Mäandertales, also nicht mehr in der Provinz Karia, verlief die wichtigste West–Ost-Verbindung durch Kleinasien, die bei Antiocheia Maiandru den Mäander auf einer berühmten Brücke querte und dann – auch ein kleines Stück auf dem Gebiet der Provinz Karia – weiter nach Laodikeia führte. Diese Strecke ist auch in der *Tabula Peutingeriana* verzeichnet. In der *Tabula Peutingeriana* erscheint auch eine durchlaufende „Küstenstraße“, die es tatsächlich gegeben haben muss, da sie blühende Städte wie Ephesos, Milet, Myndos, Knidos, Lōryma und Kaunos miteinander verband, die alle in osmanischer Zeit verfielen. Diese „Küstenstraße“ geriet damals in Vergessenheit, wurde aber in jüngster Zeit weitgehend wieder ausgebaut, vor allem um die neuen Tourismuszentren mit einander zu verbinden.

Außer der *Tabula Peutingeriana*, einigen Stellen bei Strabōn und diversen Inschriften fehlen weitere literarische Nachrichten zum karischen Wegenetz. So kommt den archäologischen Quellen besondere Bedeutung zu. Hervorzuheben sind hier vor allem die Meilensteine, die nicht nur auf den Straßenverlauf weisen, sondern auch Aussagen über Straßenbaumaßnahmen und Bauherren enthalten. Brücken- und Straßenreste bezeugen in einigen Fällen die genaue Straßenführung.

Nach der Schlacht von Mantzikert (1071) folgten zahlreiche Einfälle der Seldschuken und türkischer Stämme in das Mäandertal. An der Straße von Milet (nun mit dem neuen Namen Palatia) bis Antiocheia entstand an der Straße südlich des Mäander eine Festungskette; weitere Festungen wurden an den Pässen zwischen dem Mäandertal und dem Inneren Kariens errichtet.

Die engen Beziehungen zwischen dem Paulos-Kloster auf dem Latros und Hyllarima lassen auf einen regen Verkehr in dieser Region schließen, in der es nach den Latros-Urkunden auch zahlreiche Klöster und Kirchen gab.

Die Meilensteine sind in der vorliegenden Studie in einem eigenen Kapitel zusammengefasst und analysiert.

Zusammenfassend lassen sich aus den literarischen, archäologischen und historischen Quellen 8 Routen rekonstruieren:

1. Die „Küstenstraße“
2. Die Route südlich des Mäander von Milet nach Antiocheia
3. Die Inlandsverbindung von Milet nach Halikarnassos
4. Die Route durch das Marsyas-Tal
5. Die Route durch das Harpasos-Tal
6. Die Route durch das Morsynos-Tal
7. Die Route von Milet über den Latmos nach Hyllarima und Aphrodisias
8. Die Route von Halikarnassos über Mylasa nach Hyllarima und Aphrodisias.

# SUMMARY

The study of traffic routes is an integral part of the TIB series. The present work is devoted to the road system of Caria, while a future study will deal with the sea ways, based on portolans and sea maps from antiquity to the early Ottoman period.

The geographic frame of the investigation is the late antique province of Caria as it is described in Hiēroklēs and in the Byzantine *Notitiae episcopatuum*.

The toponyms mentioned in these and other sources refer to the main settlements of the region. Since these were usually connected with each other, they formed not only the nucleus of the settlement pattern, but also the basis of the road system. With the exception of a peripheral zone in the north, Caria was at great remove from the long-distance traffic routes of Asia Minor.

On the north side of the Meander valley, and therefore outside of the province of Caria, the most important west-east connection through Asia Minor traversed the Meander on a famous bridge at Antiocheia Maiandru and then led further to Laodiceia. This route is also represented in the *Tabula Peutingeriana*.

In the *Tabula Peutingeriana* also appears a continuous coastal road that connected prospering towns like Ephesus, Miletus, Myndus, Cnidus, Loryma and Caunus. This road continued to exist in Byzantine times, but must have collapsed when these cities went to ruin in the Ottoman period. It was only recently rebuilt to connect the new tourism centres.

After the Battle of Manzikert (1071), the frequent invasions of Seljuq and Turkish tribes into the Meander valley necessitated new building activity. Along the road from Miletus (now re-named Palatia) to Antiocheia, a chain of fortresses was built. Further fortifications were erected at the passes between the Meander valley and the interior of Caria.

The documentation from the monastic site at Mount Latros indicates its close relations with Hyllarima and attests to the presence of numerous monasteries and churches. This density of monastic and ecclesiastical sites must have generated considerable traffic in this region.

In the absence of other literary sources about the Carian road network besides the *Tabula Peutingeriana*, some references in Strabo and a few inscriptions, archaeological findings are of particular importance in this area. In this context, the milestones play an important role as they not only outline the course of the road, but also contain information about the road construction work. In some instances, bridge and road remains indicate the exact street layout. The milestones are presented and analyzed in a separate chapter.

In total, 8 routes can be reconstructed from the literary, archaeological and historical sources:

1. The „coastal road“
2. The route south of the Meander from Miletus to Antioch
3. The inland road from Miletus to Halicarnassus
4. The route through the Marsyas valley
5. The route through the Harpasos valley
6. The route through the Morsynos valley
7. The route from Miletus over the Latmos to Hyllarima and Aphrodisias
8. The route from Halicarnassus via Mylasa to Hyllarima and Aphrodisias

# ABGEKÜRZT ZITIERTE LITERATUR


| | |
|---|---|
| *AA* | *Archäologischer Anzeiger* |
| *ABSA* | *The Annual of the British School at Athens* |
| *ACO* | *Acta Conciliorum Oecumenicorum* |
| AKARCA, Milâs | Aşkıdil und Turhan AKARCA, Milâs. Coğrafyası, tarihi ve arkeolojisi. İstanbul 1954. |
| *ANMED* | *Anadolu Akdenizi Arkeoloji Haberleri. News of Archaeology from ANATOLIA'S MEDITERRANEAN AREAS* |
| *Annuario* | Annuario della R. Scuola Archeologica di Atene e delle Missioni Italiane in Oriente. Bergamo. |
| Aphrodisias V | C. RATTÉ – P. DE STAEBLER (Hrsg.), Aphrodisias V. The Aphrodisias Regional Survey. Mainz/Darmstadt 2012. |
| AREL, Cihanoğlu | Ayda AREL, Une famille des notables de la région d'Aydın: les Cihanoğlu et l'architecture. *Anatolia Moderna – Yeni Anadolu* 8 (1999) 239–274. |
| *AST* | *Araştırma Sonuçları Toplantısı* |
| *BCH* | *Bulletin de Correspondance Hellénique* |
| BEAN, Maeander | G. E. BEAN, Turkey beyond the Maeander. London 1971. |
| BEAN – COOK, Carian Coast | G. E. BEAN – J. M. COOK, The Carian Coast III. *ABSA* 52 (1957) 58–146. |
| BEAN – COOK, Cnidia | G. E. BEAN – J. M. COOK, The Cnidia. *ABSA* 47 (1952) 171–212. |
| BEAN – COOK, Halicarnassus Peninsula | G. E. BEAN – J. M. COOK, The Halicarnassus Peninsula. *ABSA* 50 (1955) 85–169. |
| BENOIT – PIEROBON BENOIT, Territorio a N di Iasos | J. BENOIT – Raffaella PIEROBON BENOIT, Il territorio a N di Iasos: ricognizioni 1988, in: Sinus Iasius I.3., 902–919. |
| BENOIT – PIEROBON BENOIT – RAGONE, Territorio a N di Iasos | J. BENOIT – Raffaella PIEROBON BENOIT – G. RAGONE, Il territorio a N di Iasos, in: Sinus Iasius I.1., 865–871. |
| BLÜMEL, Iasos | W. BLÜMEL, Die Inschriften von Iasos I–II (*IK* 28, 1–2). Bonn 1985. |
| BLÜMEL, Mylasa | W. BLÜMEL, Die Inschriften von Mylasa I–II (*IK* 34, 35). Bonn 1987, 1988. |
| BLÜMEL, Ortsnamen | W. BLÜMEL, Einheimische Ortsnamen in Karien. *EA* 30 (1998) 163–184. |
| BLÜMEL, Rhod. Peraia | W. BLÜMEL, Die Inschriften der rhodischen Peraia (*IK* 38). Bonn 1991. |
| BRESSON, Cnide | A. BRESSON, Cnide à l'époque classique: La cité et ses villages. *REA* 101 (1999) 83–114. |
| BRESSON – DESCAT (Hrsg.), Cités | A. BRESSON – R. DESCAT (Hrsg.), Les cités d'Asie Mineure occidentale au II$^{e}$ siècle a.C. Bordeaux 2001. |
| BROUGHTON, Asia Minor | T. R. S. BROUGHTON, Roman Asia Minor, in: T. FRANK, An Economic Survey of Ancient Rome, Bd. IV. Baltimore 1938, 499–918. |
| COOK, Milesian Territory | J. M. COOK, Some Sites of the Milesian Territory. *ABSA* 56 (1961) 90–101. |
| CORSTEN, Kibyra I | Th. CORSTEN, Die Inschriften von Kibyra I (*IK* 60). Bonn 2002. |
| COULTON, Balboura | J. J. COULTON, The Balboura Survey and settlement in Highland Southeast Anatolia. 1. Balboura and the history of highland settlement. British Institute at Ankara (Monograph 43). Ankara 2012. |
| COUSIN, Voyage | G. COUSIN, Voyage en Carie. *BCH* 24 (1900) 24–69. |
| *CRAI* | *Comptes rendus de l'Académie des Inscriptions et Belles-Lettres, Paris.* |
| CRAMPA, Labraunda | J. CRAMPA, Labraunda III. 1–2: The Greek Inscriptions. Lund 1969/Stockholm 1972. |
| CULPAN, Türk taşköprüleri | C. CULPAN, Türk taşköprüleri (Ortacağdan Osmanlı devri sonuna kadar). *TTKY* VI/16. Ankara 1975. |
| DARROUZÈS, Notitiae | J. DARROUZÈS, Notitiae episcopatuum Ecclesiae Constantinopolitanae (*Géographie ecclésiastique de l'empire byzantin* 1). Paris 1981. |
| DAVIS, Anatolica | E. J. DAVIS, Anatolica, or, The Journal of a Visit to Some of the Ancient Ruined Cities of Caria, Phrygia, Lycia, and Pisidia. London 1874. |
| DEBORD – VARİNLİOGLU, Carie | P. DEBORD – E. VARİNLİOGLU (Hrsg.), Les hautes terres de Carie. Paris 2001. |
| DEBORD – VARİNLİOGLU, Cités | P. DEBORD –E. VARİNLİOGLU, Cités de Carie. Harpasa, Bargasa, Orthosia dans l'Antiquité. Rennes 2010. |
| DELATTE, Port. | A. DELATTE, Les Portulans grecs (*Bibl. Fac. Philos. et Lettres Univ. Liège* 107). Liège–Paris 1947 u. II. Compléments. *Académie Royale de Belgique, Classe des Lettres, Mémoires, Collection* in-8$^{o}$, 2$^{ème}$ série, 53. Brüssel 1958. |
| DESCAT, Forteresses | R. DESCAT, Les forteresses de Thèra et de Kallipolis de Carie. *REA* 96 (1994) 205–214. |
| DIEST, Karien | W. V. DIEST, Quer durch Karien. *PGM* 55 (1909) 169–177, 216–223, 264–269. |
| *DNP* | Der Neue Pauly |

| | |
|---|---|
| DÖLGER, Reg.[2] | F. DÖLGER, Regesten der Kaiserurkunden des oströmischen Reiches I,3: Regesten von 1204–1282. Zweite, erweiterte und verbesserte Auflage, bearbeitet von P. WIRTH. München 1977. |
| *EA* | Epigraphica Anatolica |
| FEISSEL, Chroniques | D. FEISSEL, Chroniques d'épigraphie byzantine 1987–2004 (*Collège de France – CNRS, Centre de Recherche d'Histoire et Civilisation de Byzance. Monographies* 20). Paris 2006. |
| FELLOWS, Lycia | Ch. FELLOWS, Travels and Researches in Asia Minor, more particularly in Lycia. London 1852 (ND Hildesheim–New York 1975). |
| FOSS, Strobilos | C. FOSS, Strobilos and Related Sites. *Anatolian Studies*. 38 (1988) 147–174. |
| FOSS, Turkish Attack | C. FOSS, Byzantine Responses to Turkish Attack: Some Sites of Asia Minor, in: ΑΕΤΟΣ. Studies in Honour of Cyril Mango, edited by I. ŠEVČENKO and Irmgard HUTTER. Stuttgart–Leipzig 1998, 166–171. |
| FRASER – BEAN, Peraea | P. M. FRASER – G. E. BEAN, The Rhodian Peraea and Islands. Oxford 1954. |
| FRENCH, Catalogue | D. FRENCH, Roman Roads and Milestones of Asia Minor, Fasc. 2: An Interim Catalogue of Milestones I, II (*British Archaeological Reports* Int. Ser. 392 [I, II] = *Brit. Inst. of Archaeology at Ankara Monograph* 9). Ankara 1988. |
| FRENCH, Road-System | D. French, The Roman Road-System of Asia Minor, in: Aufstieg und Niedergang der Römischen Welt. Geschichte und Kultur Roms im Spiegel der neueren Forschung, hrsg. v. HILDEGART TEMPORINI und W. HAASE II.7.2. Berlin–New York 1980. |
| Gastgeber – Kresten | Ch. Gastgeber – O. Kresten, Das Chartular des Paulos-Klosters am Berge Latros: Kritische Edition, Übersetzung, Kommentar und Indices. Wien 2013 (im Druck). |
| Geogr. Rav. | Ravennatis Anonymi Cosmographia et Guidonis Geographica (*Itineraria Romana* II), ed. J. SCHNETZ. Leipzig 1940, 1–110. |
| GGM | C. MÜLLER, Geographi Graeci Minores. I, II. Paris 1855, 1861. |
| GREGOIRE, Recueil | H. GREGOIRE, Recueil des Inscriptions Grecques Chrétiennes d'Asie Mineure. Fasc. 1. Paris 1922. |
| Guid. Geogr. | Ravennatis Anonymi Cosmographia et Guidonis Geographica (*Itineraria Romana II*), ed. J. SCHNETZ. Leipzig 1940, 111–142. |
| GUIDI, Viaggio | G. GUIDI, Viaggio di esplorazione in Caria I. Golfo di Bargylia e Keramos. *Annuario* 4/5 (1921–1922 [1924]) 345–396. |
| Hellenistic Karia | R. VAN BREMEN, J.-M. CARBON, Hellenistic Karia. Proceedings oft the First International Conference on Hellenistic Karia. Oxford, 29 June–2 July 2006 (*Ausonius Éditions, Études* 28). Bordeaux 2010. |
| Hier. | Le Synekdèmos d'Hiéroklès, ed. E. HONIGMANN. Brüssel 1939. |
| HILD, Stadia und Tracheia | F. HILD, Stadia und Tracheia in Karien, in: K. BELKE – E. KISLINGER – A. KÜLZER – Maria A. STASSINOPOULOU (Hrsg.), Byzantina Mediterranea. Festschrift für Johannes Koder zum 65. Geburtstag. Wien 2007, 231–243. |
| HILD, Straßensystem | F. HILD, Das byzantinische Straßensystem in Kappadokien (*Veröffentlichungen der Kommission für die Tabula Imperii Byzantini* 2). Wien 1977. |
| HIRT, Chresimus, *procurator a marmoribus* | A. M. HIRT, Chresimus, procurator a marmoribus und der Straßenbau – Überlegungen zu Logistik und Transportwesen kaiserlicher Steinbrüche, in: R. FREI-STOLBA (Hrsg.), Siedlung und Verkehr im römischen Reich. Römerstraßen zwischen Herrschaftssicherung und Landschaftsprägung. Akten des Internationalen Kolloquiums zu Ehren von Heinz E. HERZIG, Bern 27.–30.06.2001. Bern 2004, 115–134. |
| HULA – SZANTO, Karien | E. HULA – E. SZANTO, Bericht über eine Reise in Karien. *Sb* Wien 132 (1895) 2. Abh. |
| HÜTTEROTH – HÖHFELD, Türkei | W.-D. HÜTTEROTH – V. HÖHFELD, Türkei. Darmstadt 2002. |
| *IK* | *Inschriften griechischer Städte aus Kleinasien* |
| *Ist. Mitt.* | Istanbuler Mitteilungen. *DAI* Abtlg. Istanbul |
| *JHSt* | Journal of Hellenic Studies |
| KAHLE, Piri Re'īs | P. KAHLE, Piri Re'īs Baḥrīje II. Übersetzung. Berlin – Leipzig 1926. |
| KARLSSON – CARLSSON, Labraunda and Karia | L. KARLSSON – Susanne CARLSSON (Hrsg.), Labraunda and Karia. Proceedings of the international symposium commemorating sixty years of Swedish archaeological work in Labraunda. The Royal Swedish Academy of Letters, History and Antiquities, Stockholm, November 20–21, 2008. *Acta Universitatis Upsaliensis. Boreas* 32, Uppsala 2011. |
| Kōnst. Porph., De them. | Costantino Porfirogenito, De thematibus (Studi e Testi 160), ed. A. PERTUSI. Città del Vaticano 1952. |
| KRETSCHMER, Port. | K. KRETSCHMER, Die italienischen Portolane des Mittelalters (*Veröff. Inst. f. Meereskunde u. Geogr. Inst. Univ. Berlin* 13). Berlin 1909. |
| KUBITSCHEK – REICHEL, Reise in Karien und Phrygien | W. KUBITSCHEK – W. REICHEL, Reise in Karien und Phrygien. *Anzeiger* Wien, phil.-hist. Kl. 24 (1893) 92–105. |

LAKE, Dated Manuscripts — Dated Greek Minuscule Manuscripts to the year 1200. Ed. by K. LAKE and SILVA LAKE, I–X, Indices. Boston, Mass. 1934–1945.

LAUMONIER, Archéologie — A. LAUMONIER, Archéologie Carienne. *BCH* 60 (1936) 286–335.

LE BAS – WADDINGTON — PH. LE BAS – W. H. WADDINGTON, Inscriptions Grecques et Latins recueillies en Asie Mineure, I–II (*Subsidia Epigraphica* 1,2). Paris 1870 (Nachdruck Hildesheim–New York 1972).

LOHMANN, Kazıklı — H. LOHMANN, Ein Survey bei Kazıklı (Muğla). Möhnesee 2005.

LOHMANN, Milet und die Milesia — H. LOHMANN, Milet und die Milesia. Eine antike Großstadt und ihr Umland im Wandel der Zeiten, in: F. KOLB (Hrsg.), Chora und Polis (*Schriften des Historischen Kollegs. Kolloquien* 54). München 2004, 325–360.

LOHMANN, Mykale 2001–2006 — H. LOHMANN, Forschungen und Ausgrabungen in der Mykale 2001–2006. Mit Beiträgen von Hermann Büsing, Frank Hulek, Georg Kalaitzoglou, Gundula Lüdorf, Marc Müllenhoff und Philipp Niewöhner. *Ist. Mitt.* 57 (2007) 59–178.

LOHMANN, Topographie — H. LOHMANN, Zur historischen Topographie des südlichen Ionien. *Orbis Terrarum* 8 (2002) 163–272.

MAGIE, Roman Rule — D. MAGIE, Roman Rule in Asia Minor, I–II. Princeton 1950.

MAIURI, Viaggio — A. MAIURI, Viaggio di esplorazione in Caria. *Annuario* 4–5 (1921–1922 [1924]) 397–488.

*MAMA* — *Monumenta Asiae Minoris Antiqua*

MARCHESE, Lower Maeander I — R. T. MARCHESE, The Lower Maeander Flood Plain. A regional settlement study (*BAR* Int. Ser. 292, I–II. Oxford 1986.

MARCHESE, Northern Caria — R. T. MARCHESE, The Historical Archaeology of Northern Caria. 1989.

MAREK, Kleinasien — Ch. MAREK, Geschichte Kleinasiens in der Antike. München 2010.

MILLER, Itineraria — Itineraria Romana. Römische Reisewege an der Hand der Tabula Peutingeriana dargestellt von K. MILLER. Stuttgart 1916 (ND Rom 1964).

*MM* — F. MIKLOSICH – J. MÜLLER, Acta et diplomata graeca medii aevi sacra et profana. I–VI. Wien 1860–1890.

MÜLLER-WIENER, Befestigungen — W. MÜLLER-WIENER, Mittelalterliche Befestigungen im südlichen Jonien. *Ist. Mitt.* 11 (1961) 5–122.

NESBITT – OIKONOMIDES, Catalogue II, III — J. W. NESBITT – N. OIKONOMIDES, Catalogue of Byzantine Seals at Dumbarton Oaks and in the Fogg Museum of Art, II. South of the Balkans, the Islands, South of Asia Minor; III. West, Northwest, and Central Asia Minor and the Orient. Washington, D. C. 1994, 1996.

NEWTON, Halicarnassus — C. T. NEWTON – R. P. PULLAN, A History of Discoveries at Halicarnassus, Cnidus and Branchidae. Being the Results of an Expedition sent to Asia Minor by. H. M. Government in 1856, I–II. London 1862.

Nik. Chōn. — Nicetae Choniatae Historia (CFHB 11), ed. J.-L. VAN DIETEN. Berlin–New York 1975.

NOLLÉ, Brücke — J. NOLLÉ, Die Brücke von Antiocheia am Mäander. *Gephyra* 6 (2009) 29–47.

*ODB* — *The Oxford Dictionary of Byzantium*

*OCP* — *Orientalia Christiana Periodica*

Odo von Deuil — Odo von Deuil, De profectione Ludovici VII in orientem, ed. Virginia G. BERRY. New York 1948

*ÖJh* — *Jahreshefte des Österreichischen Archäologischen Institutes in Wien*

PATON, Sites in E. Karia — W. R. PATON, Sites in E. Karia and S. Lydia. *JHSt* 20 (1900) 57–80.

PEKÁRY, Reichsstraßen — Th. PEKÁRY, Untersuchungen zu den römischen Reichsstraßen (*Antiquitas* Reihe 1, 17). Bonn 1968.

PESCHLOW-BINDOKAT, Herakleia am Latmos — Anneliese PESCHLOW-BINDOKAT mit einem Beitrag von U. PESCHLOW und V. HÖHFELD, Herakleia am Latmos. Stadt und Umgebung. Eine karische Gebirgslandschaft. İstanbul 2005.

PESCHLOW-Bindokat, Latmos — Anneliese PESCHLOW-BINDOKAT unter Mitarbeit von U. PESCHLOW, Der Latmos. Eine unbekannte Gebirgslandschaft an der türkischen Westküste. Mainz 1996.

PESCHLOW-BINDOKAT, Straßennetz — Annelesie PESCHLOW-BINDOKAT, Das Straßennetz der Latmia. Pleistarch und die Erschließung des Territoriums von Herakleia am Latmos, in: SCHWANDNER – RHEIDT (Hrsg.), Stadt und Land 186–200.

*PGM* — *Petermanns Geographische Mitteilungen*

PHILIPPSON, Das südliche Jonien — A. PHILIPPSON, Das südliche Jonien. Mit Karte: Jonien, südlicher Teil, bearbeitet von K. LYNCKER, in: WIEGAND, Milet III, 5. Berlin–Leipzig 1936.

PHILIPPSON, Reisen V — A. PHILIPPSON, Reisen und Forschungen im westlichen Kleinasien V: Karien südlich des Mäander und das westliche Lykien (*PGM*, Ergänzungs-Heft Nr. 183). Gotha 1915.

PIMOUGUET, Pérée — Isabelle PIMOUGUET, Les fortifications de la pérée rhodienne. *REA* 94 (1994) 243–271.

PIMOUGUET-PEDARROS, Défense — Isabelle PIMOUGUET-PEDARROS, Archéologie de la défense. Histoire des fortifications antiques de Carie (*Époques classique et hellenistique*). Paris 2000.

Pîrî Reis — E. Z. ÖKTE (Hrsg.), Pîrî Reis, Kitab-ı Bahriye, 1–4. İstanbul 1988.

PREISER-KAPELLER, Episkopat — J. PREISER-KAPELLER, Der Episkopat im späten Byzanz. Ein Verzeichnis der Metropoliten und Bischöfe des Patriarchats von Konstantinopel in der Zeit von 1204 bis 1453. Saarbrücken 2008.

*RAC* — *Reallexikon für Antike und Christentum*

RAGONE, Da Mileto a Iasos — G. RAGONE, Da Mileto a Iasos. Toponomastica antica, itinerari antiquari, ricognizioni moderne, in: Sinus Iasius I.2. 871–902.

RAMSAY, Phrygia — W. M. RAMSAY, The Cities and Bishoprics of Phrygia. I–II. London 1895–1897.

RATHMANN, Viae publicae — M. RATHMANN, Viae publicae. *DNP* 12/2 (2003) 164–171.

*REA* — *Revue des Études Anciennes*

*RECAM* — *Regional Epigraphic Catalogue of Asia Minor*

REGER, Mylasa — G. REGER, Mylasa and ist territory, in: Hellenistic Karia 43–57.

RITTER, Kleinasien II — C. RITTER, Die Erdkunde im Verhältnis zur Natur und zur Geschichte des Menschen usw. 19. Theil: Klein-Asien, Band II. Berlin $^{2}$1859.

ROBERT – ROBERT, Amyzon — Jeanne et L. ROBERT, Fouilles d'Amyzon en Carie I. Exploration, histoire, monnaies et inscriptions. Paris 1983.

ROBERT, Asie Mineure — L. ROBERT, A travers l'Asie Mineure. Poètes et prosateurs, monnaies grecques, voyageurs et géographie (*Bibliothèque des écoles françaises d'Athènes et de Rome* 239). Paris 1980.

ROBERT, Documents d'Asie Mineure — L. ROBERT, Documents d'Asie Mineure (*Bibliothèque des écoles françaises d'Athènes et de Rome* 239 *bis*). Paris 1987.

ROBERT – Robert, Carie II — L.ROBERT et Jeanne ROBERT, La Carie. Histoire et géographie historique avec le recueil des inscriptions antiques II. Le plateau de Tabai et ses environs. Paris 1954.

ROBERT, Études anatoliennes — L. ROBERT, Études anatoliennes. Recherches sur les inscriptions grecques de l'Asie Mineure (*Études Orientales, publiées par l'Institut français d'archéologie de Stamboul* 5). Paris 1937.

ROOS, Survey — P. ROOS, Survey of Rock-Cut Chamber-Tombs in Caria 2: Central Caria (*Studies in Mediterranean Archaeology* LXXII 2). Göteborg 2006.

ROUECHÉ, Aphrodisias — Charlotte ROUECHÉ with contributions by J. M. REYNOLDS, Aphrodisias in late antiquity: the late Roman and Byzantine inscriptions including texts from the excavations at Aphrodisias conducted by Kenan T. ERİM (*Journal of Roman Sudies* Monographs 5). London 1989.

RUGGIERI, Annotazioni — V. RUGGIERI, Annotazioni in margine alla trasformazione del tempio in chiesa in ambito rurale: il caso di Lagina in Caria, in: Bizantinistica. *Rivista di Studi Bizantini e Slavi.* Spoleto 2008, 73–99.

RUGGIERI, Caria — V. RUGGIERI, La Caria Bizantina: topografia, archeologia ed arte (Mylasa, Stratonikeia, Bargylia, Myndus, Halicarnassus). Catanzaro 2005.

RUGGIERI, Karien — V. RUGGIERI, Karien. *RAC* 20 (2004) 145–166.

RUGGIERI, Keramos — V. RUGGIERI, Il golfo di Keramos: dal tardo-antico al medioevo bizantino. Catanzaro 2003.

RUGGIERI, Rilievi — V. RUGGIERI S.J., Rilievi di architettura bizantina nel golfo di Simi. *OCP* 55 (1989) 75–100, 345–373.

RUGGIERI, The Carians — V. RUGGIERI, The Carians in the Byzantine Period, in: RUMSCHEID, Die Karer 207–218.

RUGGIERI – ACCONCI – FEATHERSTONE, Amboni carı — V. RUGGIERI – A. ACCONCI – J. M. FEATHERSTONE, Amboni carî e la „Vita Xenae seu Eusebiae" di Mylasa. *OCP* 68 (2002) 37–88.

RUGGIERI – GIORDANO – ZÄH, Alicarnasso — V. RUGGIERI – F. GIORDANO – A. ZÄH, La penisola di Alicarnasso in età bizantina I. *OCP* 63 (1997) 119–161.

RUMSCHEID, Die Karer — F. RUMSCHEID (Hrsg.), Die Karer und die Anderen. Internationales Kolloquium an der Freien Universität Berlin 13. bis 15. Oktober 2005. Bonn 2009.

RUMSCHEID, Mylasas Verteidigung — F. RUMSCHEID, Mylasas Verteidigung: Burgen statt Stadtmauer?, in: SCHWANDNER – RHEIDT (Hrsg.), Stadt und Land 202–222.

SAĞDIÇ, Aydın — Ozan SAĞDIÇ, Aydın. Ankara 1988.

ŞAHİN, Stratonikeia I–III — M. Ç. ŞAHİN, Die Inschriften von Stratonikeia (*IK* 21, 22, 1–2, 68). Bonn 1981, 1982, 1990, 2010.

SARAÇOĞLU, Akarsular — S. SARAÇOĞLU, Bitki örtüsü, akarsular ve göller (*Türkiye coğrafyası üzerine etüdler* II). İstanbul 1962.

SCHEIBELREITER, Stifterinschriften — Veronika SCHEIBELREITER, Stifterinschriften auf Mosaiken Westkleinasiens. *Tyche Supplementband* 5. Wien 2006.

SCHEIBELREITER-GAIL, Mosaiken — Veronika SCHEIBELREITER-GAIL, Die Mosaiken Westkleinasiens. Tessellate des 2. Jhs. v. Chr. bis Anfang des 7. Jhs n. Chr. (*Österr. Archaeol. Inst. Sonderschriften* 46). Wien 2011.

SCHWANDNER – RHEIDT (Hrsg.), Stadt und Land — E.-L. SCHWANDNER – K. RHEIDT, Stadt und Umland. Neue Ergebnisse der archäologischen Bau- und Siedlungsforschung. Bauforschungskolloquium in Berlin vom 7. bis 10. Mai 1997 (*Diskussionen zur Archäologischen Bauforschung* 7). Mainz 1999.

*SEG* — *Supplementum Epigraphicum Graecum*

SEIFF, Reisen — J. SEIFF, Reisen in der asiatischen Türkei. Leipzig 1875.

| | |
|---|---|
| Sinus Iasius I | Sinus Iasius I. *Annali della Scuola Normale Superiore di Pisa*. Classe di Lettere e Filosofia, Ser. III, Vol. XXIII, 3–4. Pisa 1993, 847–998. |
| SPANU, Keramos | M. SPANU, Keramos di Caria. Storia e monumenti. Roma 1997. |
| Stadiasmos | Anonymi stadiasmus sive periplus maris magni. *GGM* I 427–514. |
| Synax. Cpl. | Synaxarium Ecclesiae Constantinopolitanae e codice Sirmondiano, ed. H. DELEHAYE. Brüssel 1902. |
| Tarihte Türkiye | Tarihte Türkiye (Turkey in History). Historische Karte der Türkei, Maßstab ca. 1 : 100.000 von Nazım TARHAN. Ankara 1962. |
| THONEMANN, Maeander Valley | P. THONEMANN, The Maeander Valley. A Historical Geography from Antiquity to Byzantium. Cambridge 2011. |
| *TIB* 7 | K. BELKE – N. MERSICH, Phrygien und Pisidien (*Tabula Imperii Byzantini* 7). Wien 1990. |
| *TIB* 8 | H. HELLENKEMPER – F. HILD, Lykien und Pamphylien (*Tabula Imperii Byzantini* 8). Wien 2004. |
| TISCHLER, Hydronymie | J. TISCHLER, Kleinasiatische Hydronymie. Semantische und morphologische Analyse der griechischen Gewässernamen. Wiesbaden 1977. |
| TK | Türkei-Karte 1 : 200.000, G-II: Aydın (1943); H II: Marmaris (1944). |
| TSCHIHATSCHEFF – KIEPERT | P. V. TSCHIHATSCHEFF'S Reisen in Kleinasien und Armenien 1847–1863. Itinerare redigirt und mit einer neuen Construction der Karte von Kleinasien begleitet von H. KIEPERT (*PGM*, Ergänzungsheft 20). Gotha 1867. |
| TUNÇ, Taşköprülerimiz | G. TUNÇ, Taşköprülerimiz (*T. C. Bayındırlık Bakanlığı Karayolları Genel Müdürlüğü Yayın* No. 237). Ankara 1978. |
| VARİNLİOĞLU, Keramos | E. VARİNLİOĞLU, Die Inschriften von Keramos (*IK* 30). Bonn 1986 |
| VARİNLİOĞLU – FRENCH, Four Milestones | E. VARİNLİOĞLU – D. H. FRENCH, Four Milestones from Ceramus. *REA* 93 (1991) 123–137. |
| *VKK* | *Veröffentlichungen der Kleinasiatischen Kommission der Österr. Akad. d. Wiss.* |
| VRYONIS, Decline | SP. VRYONIS JR., The Decline of Medieval Hellenism in Asia Minor and the Process of Islamization from the Eleventh through the Fifteenth Century. Berkeley–Los Angeles–London 1971. |
| WIEGAND, Milesische Landschaft | Th. WIEGAND mit Beiträgen von K. KRAUSE, A. REHM und P. WILSKI, Die milesische Landschaft, in: WIEGAND, Milet II, 2. Berlin 1929. |
| WILSKI, Karte | P. WILSKI, Karte der Milesischen Halbinsel (1:50.000) mit erläuterndem Text, in: Milet I,1. Berlin 1906. |
| WITTEK, Mentesche | P. WITTEK, Das Fürstentum Mentesche. Studie zur Geschichte Westkleinasiens im 13.–15. Jh. (*Ist. Mitt.* 2). Istanbul 1934 (ND Amsterdam 1967). |
| ZÄH, Typologie | A. ZÄH, Zur Typologie kirchlicher Architektur im südwestlichen Kleinasien. Hanau $^{2}$2004. |
| *ZPE* | *Zeitschrift für Papyrologie und Epigraphik* |

# GEOGRAPHISCHES REGISTER

# VERZEICHNIS DER ABBILDUNGEN

## ABBILDUNGSNACHWEIS

Abb. 11, 17, 18: Benjamin GÜNTHER (Frankfurt); Abb. 21: B. V. HEAD, Historia numorum. Oxford ²1911 (ND Chicago 1967), 608f. mit Abb. 303; Abb. 29: RUMSCHEID, Mylasas Verteidigung 209, Abb. 3; Abb. 39: ROBERT, Asie Mineure 363, Fig. 9; Abb. 55: Volkan YÜKSEL, Google Earth 37° 32'49 N, 28° 09'41 O; Abb. 57: Faik Sabri DURAN, Büyük Atlas. Kanaat–Ders Yayınları 1983, 27. Alle anderen Abb. vom Verfasser.

# ABBILDUNGEN

1 „Heilige Straße“ in Didyma

2 Antike Straße n. von Kazıklı

3 Serpentinen der antiken Straße n. von Kazıklı

4 Dammstraße nach Bargylia

5 Antike Straße nw. von Yukarı Mazı

6 Antike Straße von Yukarı Mazı nach Aşağı Mazı

7 Antike Straße von Yukarı Mazı nach Aşağı Mazı, Detail

8 Alte Straße von Gökbel (Bargasa) nach Çökertme

9 Aquäduktpfeiler an der „Küstenstraße“ von Keramos nach Osten

10 Alte Pflasterstraße 3 km w. von Alatepe

11 Die byzantinische İnişdibi Kalesi am Ostende des Kerameikos Kolpos

**Die (dreiteilige) karische Chersonesos - das Gebiet von Stadia und Tracheia (Stadiotrachia)**

12 Thematische Kartenskizze der karischen Chersones

13 Straße durch die Halbinsel Tracheia zwischen Syrna (Bayır) und Phoinix (Fenaket/Taşlıca)

14 Byzantinische Festung von Myus

15 Mittelalterliche Brücke über den Mäander in Sarıkemer (Pyrra)

16 Pflasterstraße w. von Cincin Kalesi

17 Stützmauern mit abgeschrägten Pfeilern der Cincin Kalesi

18 Mauerabschnitt der Cincin Kalesi aus spätbyzantinischer Zeit

19 Spätbyzantinischer Wachtturm in Dereköy w. von Dalama (Euippē)

20 Spätbyzantinische Gipfelfestung von Orthōsia

21 Brücke von Antiocheia, Münze, Prägung des Decius (249–251 n. Chr.)

22 Badeteich in Karura

23 Osmanischer Han am Bafa Gölü

24 Spätbyzantinische Festung auf dem Çörlenasar Tepesi

25 Spätbyzantinische Asarkale sö. von Nalbantlar

26 Römische Brücke über den Sarı Çay (Keniōs), 6 km nw. von Mylasa (1991)

27 Brücke über den Sarı Çay (Keniōs) 2008

28 Brücke über den Sarı Çay (Keniōs) 2008

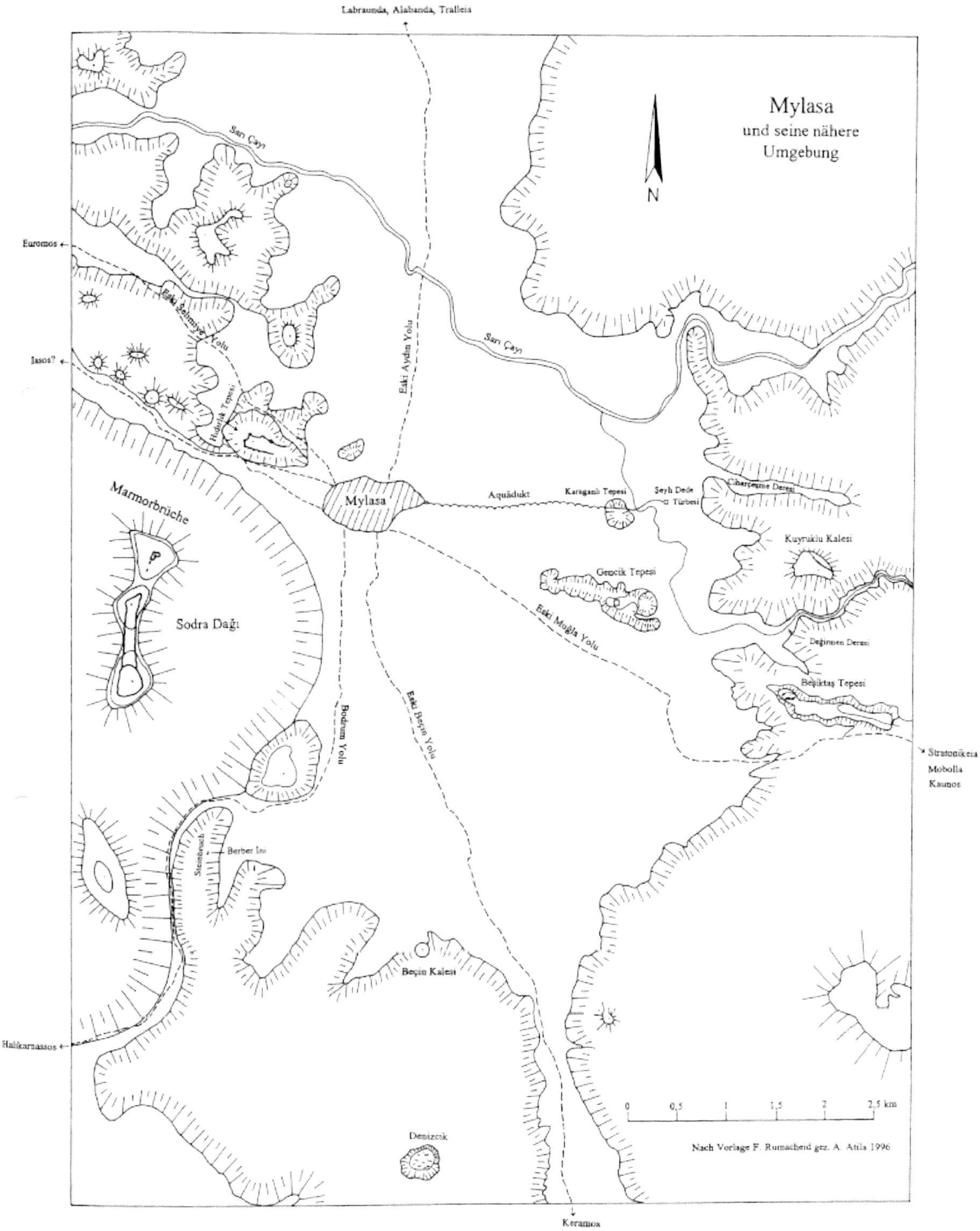


29 Mylasa als Verkehrsknoten mit seinen Verteidigungsanlagen

30 Die Mikra Thalassa vom Pass über den Grion zwischen Chalkētor (Karakuyu) und Iasos

31 Antike Straße in Akmescit (Karakilise) an der Straße von Alinda nach Amyzōn

32 Antike Straße von Alinda nach Amyzōn am Eingang in das Stadtgebiet

33 Byzantinischer Turm in der Stadtmauer von Amyzōn

34 Häuschen mit Wasserkrügen bei Umcular an der Straße von Alinda nach Amyzōn

35 Kirse Yanı, s. von Gökpınar an der Straße von Hydissos nach Halikarnassos

36 Osmanische Straße in Söğütcük am Osthang des Gökbel an der Verbindung zwischen Alabanda und Lagina

37 Kapelle aus Tempelspolien in Lagina

38 Graffito mit den Konturen von Füßen in den Stufen des Hekatē-Tempels von Lagina

39 Frühbyzantinische Brücke über den Harpasos (Akçay) bei Kemer, jetzt in der Kemer Barajı versunken

40 Römische(?) Brücke über die Schlucht des Morsynos (Dandalas/Tantalos), 3 km ö. von Karacasu an der Straße von Antiocheia nach Aphrodisias

41 Alte Einbogenbrücke über einen Quellfluß des Morsynos, 8 km ö. von Aphrodisias

42 Stadion in Hērakleia Salbakēs

43 Frühbyzantinische Stadtmauer aus Spolien in Hērakleia Salbakēs

44 Alte Einbogenbrücke am Ostfuß des Burgberges von Tabai (Davas, Kale)

45 Römische Straße auf den Burgberg von Tabai (Davas, Kale) mit Blick auf das Tabēnon Pedion (Tavas Ovası)

46 Römische Straße auf dem Burgberg von Tabai (Davas, Kale) mit der Cevher Paşa Camisi

47 Substrukrionen der römischen Straße auf den Burgberg von Tabai (Davas, Kale)

48 Flußbett des Harpasos (Akçay) mit Pfeilern der Irmakköprü

49 Pfeiler der Irmakköprü

50 Blick von Muğla auf den Tafelberg (Kale)

51 Spätbyzantinische Burg bei Karahayıtlı

52 Pfeiler der Brücke über den Marsyas in Eskiçine mit Blick auf die Akropolis

53 Osttor der Gazi Ahmet Camii in Eskiçine mit Templonspolien aus mittelbyzantinischer Zeit

54 Brücke über den Madaran Çayı am Weg von Eskiçine nach Hyllarima

55 Brücke über den Madaran Çayı am Weg von Eskiçine nach Hyllarima

56 Schematische Kartenskizze der Routen 1–8

57 Physisch-geographische Karte Kariens